Maxence Fermine

OPIUM

Roman

Aus dem Französischen von
Georges Hausemer

verlegt bei Kindler

1. Auflage März 2003

Die französische Originalausgabe erschien 2002
unter dem Titel «Opium» bei Albin Michel, Paris

Lektorat Claudia Zickler
Satz aus der Perpetua PostScript PageMaker
bei Pinkuin Satz und Datentechnik, Berlin
Druck und Bindung GGP Media, Pößneck
Printed in Germany
ISBN 3 463 40438 9

Die Schreibweise entspricht den Regeln
der neuen Rechtschreibung.

Dieses Buch erscheint mit freundlicher Unterstützung der Kulturabteilung der Französischen Botschaft in Berlin im Rahmen des Förderprogramms des französischen Außenministeriums.

Für Julie

Das Opium weitet aus, was ohne Grenz' und Schranken,
Es dehnt die Unermesslichkeit,
Es höhlt der Wollust Rausch, vertieft das Meer der Zeit,
Und mit Genüssen, schwarzen, kranken
Macht es die Seele übervoll und weit.

Charles Baudelaire,
Die Blumen des Bösen

DAS LEBEN von Charles Stowe, Abenteurer in Sachen Tee, legt die Vermutung nahe, der Zufall sei ein Spinnennetz, in dem das Schicksal sich gelegentlich verfängt.

Charles Stowe hatte eine Leidenschaft für den Handel und eine Vorliebe für Tee.

Die Leidenschaft für den Handel erlernt sich nicht. Die Vorliebe für Tee erwirbt sich mit der Zeit.

1838 hatte Charles Stowe von Opium noch keine Ahnung. Er war einer jener englischen Gentlemen, deren einziges Laster im Rauchen von Zigarren und im Trinken von Whisky und deren größte Tugend in einer gewissen Neigung zur Ehre und in der Liebe zur Maßarbeit besteht.

Das Haus Stowe genoss im britischen Empire einen exzellenten Ruf, und zu jener Zeit, als Reise und Handel auch Synonyme für Abenteuer waren, beschloss Charles, Erbe der Traditionen und Träume seiner Familie, sich nach China einzuschiffen.

Zu diesem Zweck musste er eine betörend wohlriechende Route einschlagen, die als eine der gefährlichsten der Welt galt. Diejenige nämlich, die in London begann, dann Richtung Indien und weiter nach

Asien führte und sich unweigerlich im Reich der Mitte verlor.

Eine Strecke, die man die Teestraße nannte.

ANGEFANGEN hatte alles etwa zwanzig Jahre zuvor, als sein Vater, Robert Stowe, beschloss, auf statthafte und rechtmäßige Weise den Beruf des Tee- und Gewürzhändlers auszuüben. 1816 erwarb er in London, nur wenige Schritte von der Themse entfernt, einen Laden, in dem er seinen Landsleuten außer Pfeffer, Sandelholzöl, Safran und zahlreichen anderen Wundermitteln aus Fernost eine bestimmte Pflanze verkaufte, deren junge Triebe, getrocknet und anschließend mit heißem Wasser aufgegossen, jenes aromatische Getränk ergeben, das man als Tee bezeichnet. Selbstverständlich war diese Pflanze schon seit Jahrhunderten bekannt, doch erst zu jener Zeit lernte man sie als alltägliches Genussmittel kennen und schätzen.

Der Tee wurde zu seinem Steckenpferd. Er liebte es, die verschiedenen Sorten zu studieren, die alle von einem einzigen Strauch, der *Camellia sinensis*, stammen, und kaufte bald alles, was die Seefahrer ihm aus China und Indien mitbrachten. Bereits nach kürzester Zeit wurde er zu dem Händler, bei dem die feine Londoner Gesellschaft regelmäßig ihre Einkäufe tätigte. Folglich schmückte sich sein Geschäft mit dem bezaubernden Schild: DIE TAUSEND DÜFTE DES TEES.

Zu Beginn des 19. Jahrhunderts produzierte China den weltweit besten Tee und hatte das Monopol auf dieses Produkt. Damals sprach man von den Mysterien der Teestraße, die niemand je erforscht hatte.

Man behauptete, niemand würde jemals das Reich der Mitte betreten und in seine Geheimnisse eindringen können. Ferner ging das Gerücht, dass niemand, der sich auf diese Route begeben hatte, je zurückgekehrt war. Tausend Dinge erzählte man sich.

Charles Stowe schwieg dazu, doch er beobachtete und verstand die Leidenschaft seines Vaters. Und bereits als Zehnjähriger sah er sich auf den Plantagen Chinas umherwandeln, mit einem Blatt Pergamentpapier in der Hand, auf dem sämtliche Geheimnisse zur Herstellung der besten Tees der Welt niedergeschrieben waren.

IM LAUFE der Jahre offenbarte Robert Stowe seinem Sohn sein ganzes Wissen über dieses seltsame Getränk. Er stellte fest, dass das Kind sich für alles interessierte, was irgendwie mit Tee zu tun hatte.

Eines Morgens, er war noch nicht einmal elf Jahre alt, fragte Charles seinen Vater:

«Seit wann gibt es Tee?»

Zunächst wich der Händler der Frage aus, doch als er sah, wie enttäuscht sein Sohn war, erklärte er:

«Der Legende nach soll er vor sehr langer Zeit in China entdeckt worden sein. Und zwar auf ziemlich eigenartige Weise.»

«Wie denn?»

«Ich werde es dir sagen. Doch du musst mir versprechen, es niemandem weiterzuerzählen, es handelt sich nämlich um ein Geheimnis.»

Charles versprach, es für sich zu behalten, denn wie alle Jungen seines Alters liebte er Geschichten und Geheimnisse.

«Eines Tages, vor mehr als viertausend Jahren, reiste Kaiser Shen Nung mit seinem Gefolge in eine entlegene Gegend seines ausgedehnten Reiches. Da der Weg lang und beschwerlich war, bat er, im Schatten von Bäumen, die ihn vor der Sonne schützen würden, eine kurze Rast einzulegen. Der Konvoi hielt an, und der Kaiser ließ sich im Schneidersitz unter einem unbekannten Strauch nieder. Da er zum Stillen seines Durstes nichts anderes kannte, verlangte er unverzüglich nach einer Schale mit heißem Wasser. Seine Diener beeilten sich, ihm das Gewünschte zu bringen. Ein Blatt fiel in die Schale des Kaisers, und ohne es zu bemerken, begann Shen Nung zu trinken. Sogleich durchströmte ihn ein lieblich-sanftes und gleichzeitig bitteres Aroma. Stutzig besah er den Grund seiner Schale und entdeckte dort das Blatt, das ungemein verführerisch duftete.

So wurde der Tee geboren.»

UNERMÜDLICH forschte Robert Stowe nach den Ursprüngen der verschiedenen Teesorten und ihren Eigenschaften. Abends, wenn seine Angestellten die neuesten Lieferungen aus dem Orient in die Regale räumten, saß er mit seinem Sohn im hinteren Teil des Ladens und fuhr fort, ihn in die Geheimnisse des Tees einzuweihen.

«Weißt du, Charles, Tee gibt es in vier verschiedenen Farben auf der Welt. Leider kennen die Engländer nur den schwarzen Tee, den man mittlerweile in unseren Kolonien, hauptsächlich im Dschungel von Assam, anbaut.»

Charles hörte seinem Vater äußerst aufmerksam zu.

«Und welche sind die anderen Farben?»

«Der blaue Tee, der grüne Tee und der weiße Tee. Diese drei Varianten stammen aus ein und demselben Land: aus China. Der blaue Tee wird in einer für Reisende unzugänglichen Gegend angebaut. Sein Aroma erinnert an den grünen Tee, der parfümiert und bitter schmeckt und fast überall in Asien kultiviert wird. Doch das Geheimnis seiner Herstellung liegt nach wie vor in den Händen der Chinesen. Der weiße Tee ist der seltenste und teuerste von allen. Es heißt, früher hätten Jungfrauen aus dem chinesischen Kaiserreich die Blätter mit goldenen Scheren geerntet und diese zusammen mit außergewöhnlich reinem Wasser in die Schale des Kaisers gefüllt. Niemand weiß, wo die geweihten Gärten des weißen Tees liegen. Diejenigen, die das Geheimnis lüfteten, so sagt man, wurden unverzüglich mit dem Tode bestraft.»

Der Junge schwieg lange.

«Also kennt niemand das Geheimnis der Herstellung dieser drei Teesorten?»

«Nein.»

Charles Stowe blickte seinen Vater mit einem Ausdruck unbändiger Entschlossenheit an und sagte:

«Ich werde dieser Mann sein.»

EINES ABENDS, als es in London regnete, überraschte Robert Stowe seinen Sohn dabei, wie er die Wassertropfen beobachtete, die langsam an den Fensterscheiben herunterrannen. Behutsam näherte er sich ihm und fragte:

«Wusstest du, dass die Kunst des Tees eine Wassermusik ist?»

Charles verstand nicht, was sein Vater meinte.

«Was haben Wasser und Musik mit Tee zu tun?»

«Überleg doch mal. Zunächst ist da die Musik des Regens, der auf die Blätter der Teesträucher fällt, dieses leichte Beben wie von einer Trommel aus grünem Licht, die von den silbernen Schlegeln des Himmels gespielt wird. Dann ist da die Musik der Ernte, die von den tanzenden Schleiern der Teepflückerinnen begleitet wird. Außerdem die Musik einer Quelle, die so frisch und rein ist wie keine zweite. Und schließlich die Musik des warmen Wassers, das man langsam auf die Teeblätter gießt.»

«Warum erzählst du mir das alles?»

«Weil ich mir dich, während du so träumend vor mir stehst, im Regen in China vorstelle … inmitten der Teeplantagen.»

Robert Stowe legte seinem Sohn die Hand auf die Schulter:

«Die Reise dorthin konnte ich nie unternehmen.»

«Ich weiß. Das sagst du mir immer wieder.» Und er fügte hinzu: «Ich werde diese Reise an deiner Stelle machen. Das schwöre ich dir.»

Robert Stowe entrang sich einen langen Seufzer, und nach einem nicht weniger langen Schweigen meinte der Vater:

«Sprechen wir nicht mehr darüber. Hier, probier lieber diesen Tee.»

Lächelnd hielt er dem Jungen eine Tasse hin.

Charles sah seinen Vater an und trank einen Schluck von der kostbaren Flüssigkeit, deren Wohlgeschmack sich langsam in der Tiefe seines Schlunds entfaltete.

SEIT SEINER frühesten Jugend hatte Charles Stowe sich angewöhnt, täglich mehr als fünfzehn Tassen Tee zu trinken. Diese verliehen ihm eine außergewöhnliche Energie und förderten seine frühe Neigung zum Meditieren. Und zudem kam es ihm beim Teetrinken so vor, als könnte er den Duft jeder einzelnen der Frauen riechen, die diese sonderbaren Blätter mit dem sanften und zugleich bitteren Aroma für ihn gepflückt hatten. Ein Duft, an dem er sich berauschte, ohne seiner jemals überdrüssig zu werden.

Die Jahre vergingen, am Horizont leuchteten Träume von fernen Reisen. Häufig ging Charles zum Hafen von London, wo er voller Sehnsucht den Seemännern beim Entladen ihrer exotischen Fracht zuschaute und die Angestellten des Hauses Stowe beobachtete, die sich auf den Weg zu den englischen Handelskontoren machten.

Endlich, im Alter von einunddreißig Jahren, angetrieben von seinem Vater und von dem Versprechen, das er diesem als Kind gegeben hatte, brach Charles 1838 zur Teestraße auf.

AN EINEM Wintertag verließ er London und die Themse-Kais Richtung Ceylon, einer Insel südlich von Indien. Er reiste auf einem Handelsschiff, das in seinen Augen den durchaus verheißungsvollen Namen *Amphitrit* trug.

Die erste Etappe führte ihn an das andere Ende des britischen Königreichs.

Nach einer mehrmonatigen Überfahrt, in deren Verlauf man den Atlantik hinunterfahren, Afrika am Kap der Guten Hoffnung umrunden und durch den Indischen Ozean langsam wieder nach Norden fahren musste, erreichte er sodann das Eiland mit dem heißen und feuchten Klima, auf dem alles üppig gedieh. Im Hafen von Colombo besuchte er, ausgestattet mit dem Geld, das sein Vater ihm anvertraut hatte, jene Männer, die mit indischen Gewürzen handelten. Ihnen kaufte er Paprika, Pfeffer, Muskat, Safran, Vanille und Nelken ab, die er nach Europa schicken wollte.

Er erwog ebenfalls, sich vor Ort angebauten Tee zu besorgen, verzichtete am Ende jedoch darauf, weil er ihn für minderwertig hielt.

Einen englischen Produzenten namens Taylor bat

er um nähere Auskünfte über die Qualität des ceylonesischen Tees. Der Mann erklärte ihm:

«Hier gibt es nur sehr wenige ansprechende Produkte. Wirklich gut gedeiht auf Ceylon nur der Kaffee. Um den Tee zu finden, nach dem Sie suchen, müssen Sie weiterreisen.»

«Wohin genau?»

«Nach Nordindien. Dort hat man begonnen, exzellente schwarze Tees anzubauen.»

«Ja, ich weiß, doch es sind die anderen Sorten, die mich interessieren.»

«Welche Sorten meinen Sie?»

«Grüne und blaue Tees. Und vor allen Dingen den seltensten von allen: den weißen Tee.»

Taylor verzog das Gesicht.

«In dem Fall kommt meiner Meinung nach nur China infrage. Angeblich gibt es dort sehr schöne Kulturen. Bald läuft die *Amphitrit* Richtung Shanghai aus. Sie brauchen Ihre Reise also nur fortzusetzen.»

Charles Stowe bedankte sich bei Taylor, der ihn, ohne sich dessen bewusst zu sein, in seinem Ziel bestärkt hatte: China. Nachdem er seine Gewürzfracht an Bord eines Schiffes hatte bringen lassen, das nach London auslaufen würde, wartete er drei weitere Wochen auf die Abfahrt der *Amphitrit*. Er nutzte diesen unfreiwilligen Aufenthalt, um die Handelsbeziehungen des Hauses Stowe mit der Indischen Kompanie zu konsolidieren und sich auf der Insel umzuschauen.

Es war April, und bis in den September hinein würde der Monsun für sintflutartige Regenfälle und hohe Temperaturen sorgen, die der Erde so gut bekommen würden wie himmlisches Manna. Auf sämtlichen Plantagen, die er besuchte, waren die Teeblätter verblüht und verströmten keinerlei besonderen Duft.

Noch ein paar Tage lang war er im Landesinneren unterwegs, dann kehrte er nach Colombo zurück.

Auf dieser Etappe seiner Reise hatte er zu dem Gleichgewicht gefunden, das sich für jeden Gentleman, der von Abenteuer und Reichtum träumt, geziemt. Denn Charles Stowe besaß das seltene Talent, reisen zu können, ohne dass das Exil in ihm jene rätselhafte Verwirrung auslöste, die die Seele lähmt und ihr jenes so beständige Gefühl aufnötigt, das man als Nostalgie bezeichnet.

Doch während er sich überall wohl fühlte, fühlte er sich gleichzeitig nirgendwo zu Hause – was sein Bedürfnis, seine Reise ins Unmögliche immer weiter fortzusetzen, allerdings nur noch stärker werden ließ.

NACHDEM er Ceylon verlassen hatte, ging er in Singapur an Land und reiste von dort aus weiter nach Hongkong. Anschließend machte er sich langsam der Küste entlang auf den Weg in Richtung Shanghai und gelangte nach langer Zeit endlich an sein Ziel.

Auch wenn kein Fremder das Reich der Mitte betreten konnte, so war es doch möglich, in fünf großen Häfen Handel zu treiben, dort eine unendliche Menge lokaler Produkte zu erwerben und diese nach Indien zu schicken, um sie zu hohen Preisen an die Engländer zu verkaufen.

Als Charles Stowe in Shanghai ankam, war er überrascht von den zahlreichen Masten auf dem Wasser und von dem geschäftigen Gedränge im Hafen.

Er ging an Land und bezog unverzüglich eine Unterkunft im englischen Viertel der Stadt, dem einzigen Ort, an dem ihm der Aufenthalt erlaubt war. Im Hafen und in dessen unmittelbarer Umgebung begegneten ihm viele Chinesen. Die einen liefen ziellos umher, andere flehten den Himmel um Beistand an. Die ganze Stadt schien von einem lebhaften Wahn erfasst zu sein, und die Blicke, die man ihm zuwarf, kamen ihm verdächtig vor.

Im britischen Konsulat, wo er seine Ankunft meldete, fragte er nach den Gründen dieses hektischen Treibens. Ein Beamter erklärte ihm:

«Die chinesischen Behörden haben englische und französische Schiffe durchsucht und deren Ladungen verbrannt. Man spricht von einem unmittelbar bevorstehenden Krieg.»

«Heißt das, dass ich nicht ins Landesinnere weiterreisen kann?»

Der Beamte blickte ihn erstaunt an.

«Das wäre glatter Selbstmord.»

Den Beweis für den Ernst der Lage bekam er kurze Zeit später, als er unterwegs einigen Chinesen begegnete, die aus Shanghai flohen. Sie verließen die Küstenregion und hatten die Särge ihrer Toten bei sich.

AM ERSTEN Tag gelang es Charles Stowe nicht, eine Lieferung grünen Tees von außergewöhnlicher Qualität zu erstehen.

Am folgenden Tag irrte er in dem Viertel umher, in dem auch Landfremde sich aufhalten durften. Im Hafenamt traf er auf einen Beamten, der mit der Verbuchung von Waren aus dem Norden des Reiches beschäftigt war. Er näherte sich ihm und fragte:

«Könnte ich Ihnen Tee abkaufen?»

Der Beamte warf ihm einen argwöhnischen Blick zu.

«Sind Sie Engländer?»

«Ja. Aus London.»

«Und Sie sind Mitglied im Teekomitee?»

«Nein. Wieso? Ist das eine Bedingung, um mit Ihnen verhandeln zu können?»

«Sagen wir, dass es gewisse Dinge erleichtert.»

«Dann verraten Sie mir, wo ich dieses Komitee finden kann. Ich lasse mich dort eintragen und komme anschließend zurück, um Ihnen Tee abzukaufen.»

Der Mann schien stutzig geworden zu sein.

«Was brauchen Sie?»

«Schwarzen und grünen Tee in großen Mengen.»

«Den kann ich Ihnen besorgen.»

«Und ebenfalls ein wenig weißen Tee.»

Im Nu verschloss sich das Gesicht des Chinesen.

«Sie sollten wissen, mein Herr, dass man weißen Tee nicht kaufen kann. Ganz gleich, ob Sie Mitglied dieses Komitees sind oder nicht.»

«Sind Sie sicher?»

«Ganz sicher.»

«Und für wen ist dieser weiße Tee bestimmt?»

«Er ist dem Kaiser vorbehalten.»

«Man hat mir gesagt, dass ich hier welchen finden könnte.»

«Dann hat man Sie falsch informiert.»

«Aber ich würde jeden Preis zahlen.»

«Unmöglich.»

Hartnäckig, wie er nun einmal war, zog Charles einige Geldscheine aus seiner Brieftasche und legte sie vor den Beamten auf den Tisch. Der Chinese hob den Blick und sah seinen Gesprächspartner entrüstet an. Seine zusammengekniffenen und folglich blau gewordenen Lippen drückten die ganze Verachtung aus, die er für diesen Fremdling empfand, dessen Ehrenkodex dem seinen in keiner Weise zu entsprechen schien.

Mit einer jähen Geste schloss er sein Geschäftsbuch und erhob sich von seinem Stuhl.

«Ich wiederhole noch einmal, mein Herr, dass der Verkauf von weißem Tee streng verboten ist. Es tut mir Leid, Sie nun fortschicken zu müssen, aber ich bin sehr beschäftigt. Auf Wiedersehen.»

Erhobenen Hauptes entfernte er sich in Richtung Lagerhallen. Charles Stowe nahm die Geldscheine wieder an sich und ging davon.

Sein Wunsch, die Stadt jenseits des ihm erlaubten Bezirks zu besuchen, wurde abgelehnt. Er begriff, dass die Tatsache, Europäer zu sein, ihm sämtliche Türen verschloss. Nach ausgiebiger Suche fand er endlich das Teekomitee und wurde, nachdem er an Ort und Stelle seinen Beitrag bezahlt hatte, unverzüglich zu dessen Mitglied. Anschließend bat er, zu Studienzwecken ins Landesinnere reisen zu dürfen. Erneut wurde sein Gesuch zurückgewiesen.

«Sie sind verrückt!», erwiderte ein englischer Angestellter. «Können Sie sich vorstellen, wie viel eine solche Reise das Komitee kosten würde?»

«Ich bin bereit, sämtliche Kosten zu übernehmen.»

«Sind Sie sich der Gefahren einer solchen Expedition bewusst?»

«Ich bin bereit, die Risiken auf mich zu nehmen.»

«Allein das Verlassen dieser Stadt bedeutet Ihren sicheren Tod. Ohne offiziellen Passierschein brauchen Sie gar nicht erst darüber nachzudenken, Shanghai zu verlassen.»

«Und wie kann ich mir einen solchen Passierschein besorgen?»

Der Angestellte bewegte den Kopf hin und her wie ein Hampelmann.

«Das ist völlig unmöglich. Dieses Privileg steht ausschließlich unserem Direktor zu. Und ich bezweifle sehr, dass er es mit Ihnen teilen wird. Auf Wiedersehen, mein Herr.»

Als der Angestellte sich entfernen wollte, hielt Charles Stowe ihn am Arm zurück und flehte ihn an:

«Ich bitte Sie. Helfen Sie mir. Sagen Sie mir nur, wo ich ihn finden kann. Mehr verlange ich nicht von Ihnen.»

Der Mann seufzte, bevor er widerwillig einen Namen und eine Adresse auf ein Stück Papier kritzelte.

«Sagen Sie, ich hätte Sie geschickt. Mir soll es gleich sein. Sie werden Ihre Lektion schon bekommen. Der Herr Direktor wird wissen, wie er Sie von Ihrer verrückten Idee abbringt.»

«Er wird mir helfen, dessen können Sie sicher sein.»

Charles Stowe griff nach dem Zettel, bedankte sich bei dem Angestellten und ging zu Fuß ins englische Viertel zurück.

Unterwegs begegnete er einer Sänfte, in der ein hoher chinesischer Würdenträger saß, der in ein seidenes Gewand gehüllt und dessen Kopf, nach Shanghaier Art, bis auf einen Zopf glatt rasiert war. In der Hand hielt er eine strahlend weiße Teeblüte.

Der Chinese lächelte und ließ die weiße Teeblüte

zwischen seinen Fingern kreisen. Als er sich entfernte, stieg der Duft dieser Blüte Charles Stowe in die Nase. Nie zuvor in seinem Leben hatte er etwas derart Wunderbares, etwas derart Feines gerochen.

SO LERNTE Charles Pearle, den Direktor des Teekomitees, kennen, den einzigen britischen Händler, der das Privileg genoss, einen von den chinesischen Behörden ausgestellten Passierschein zu besitzen. Er war Ire und lebte seit dreißig Jahren in China. Seine Geschäfte florierten, er hatte ein Auge aus Glas, eine gute Portion Humor und einen Hang zum Whisky.

«Wie sind Sie an meine Adresse gekommen?»

«Ganz einfach. Indem ich das Teekomitee aufsuchte und fragte, wer dessen einflussreichstes Mitglied sei.»

«Also wirklich! Man wird mich wohl nie in Ruhe lassen. Und nur, weil niemand den Mut besaß, am Wahltag seine Kandidatur zu stellen. Niemand außer mir! Was für eine Farce!»

«Aber so sind Sie doch in den Besitz des Passierscheins gelangt, oder?»

«Unsinn! Dank meiner Verbindungen und meiner alten Freundschaft zu den Chinesen habe ich diesen Passierschein bekommen. Und zweifellos haben diese Kerle vom Komitee mich deswegen unter Druck gesetzt. Solange ich da bin, wissen sie, dass China ein offenes Land ist.»

«Interessant. Wirklich sehr interessant, Mister Pearle.»

Plötzlich runzelte der Ire die Stirn.

«Ich finde, Sie sind ausgesprochen neugierig, junger Mann.»

«Wer wäre das nicht? Wissen Sie, dass Sie ein gewissermaßen gottgleiches Ansehen genießen? Sie sind der einzige Vertreter unserer Rasse, der sich in diesem riesigen Land frei bewegen kann. Was normalerweise einem Kaiser vorbehalten ist.»

«Wollen Sie sich über mich lustig machen?»

«Ganz im Gegenteil.»

«Kommen wir zur Sache. Was wollen Sie von mir?»

NACHDEM sie einige Gläser getrunken und Erinnerungen an den alten Kontinent heraufbeschworen hatten, duzten sich die beiden Männer und unterhielten sich über das Geschäftliche.

«Wie viele Kisten mit grünem und schwarzem Tee kannst du mir verkaufen?», fragte Charles Stowe seinen Gesprächspartner.

«So viel du willst.»

«Ich meine den besten Tee. Den von der ersten Ernte im März.»

Der Ire verzog das Gesicht:

«Leider besitze ich davon keine einzige Kiste mehr. Die erste Wahl ist längst weg. Mir bleibt nur noch dritte und vierte Wahl. Und ich kann dir keinen Rabatt bewilligen. Ich behandele alle meine Kunden gleich.»

«Ich akzeptiere diese Bedingungen, wenn du mir sagst, wo ich mir weißen Tee besorgen kann.»

«Das kann doch nicht dein Ernst sein?»

«Doch, ich glaube schon.»

«Der Handel mit weißem Tee ist in diesem Land verboten.»

«Ich weiß. Man hat mir das alles schon erzählt.»

«Und das macht dir keine Angst?»

«Nein», erwiderte Stowe mit fester Stimme.

Einige Sekunden lang ließ Pearle sein gläsernes Auge kreisen, dann nahm er einen Schluck Whisky, streckte die Hand aus und sagte:

«Ich werde versuchen, weißen Tee für dich zu finden. Doch über seine Herkunft wirst du nichts erfahren.»

«Wieso?»

«Das wäre zu gefährlich. Ich kann dir nichts darüber sagen.»

«Ich würde es für mich behalten.»

Pearle brummte, doch er gab nicht nach.

«Es hat keinen Sinn, weiterhin darauf zu bestehen. Ein Geheimnis bleibt ein Geheimnis. Und manchmal ist es besser, so wenig wie möglich zu wissen.»

Schließlich gab Stowe sich geschlagen.

«Einverstanden. Belassen wir es dabei. Und wann kannst du mich beliefern?»

«In einer Woche. Aber ich möchte dich gleich warnen. Wegen dieser Kriegsgerüchte werden die Kontrollen auf dem Fluss verstärkt. Es wird schwierig sein, durch die Maschen des Netzes zu schlüpfen.»

Charles Stowe hatte Pearle aufmerksam zugehört und begriffen, dass er sich ohne dessen Hilfe nicht ins Landesinnere begeben konnte. Missmutig legte er dem Iren seine Absichten dar:

«Ich würde so gerne weißen Tee nach England mitbringen, die Geheimnisse seiner Herstellung erkunden …»

Pearle knurrte:

«Vergiss diese verfluchten Chinesen und kaufe lieber, was ich dir anbiete, ohne Fragen zu stellen. Derjenige, dem es gelingt, bis zu ihnen vorzudringen und ihnen ihre Geheimnisse zu entlocken, muss erst geboren werden.»

Langsam leerte Charles Stowe sein Glas. Die Herausforderung war zu groß, um auch nur ein einziges Wort von dem zu glauben, was Pearle soeben gesagt hatte. Seine Stunde würde schon noch kommen.

PEARLE hatte seine Karriere in Shanghai begonnen, im Gewürzhandel.

Zu jener Zeit hatten die Holländer das Monopol auf die aus Asien stammenden Gewürze. Eines Tages betrat ein gewisser Van Petersen, der wütend war, weil ein Ire ihn von seinem Terrain verdrängt hatte, Pearles Laden, rammte sein Messer in dessen Schreibtisch und sagte zu ihm:

«Kennen Sie einen einzigen Gewürzhändler, der nicht Holländer ist?»

«Ja. Ich.»

Van Petersen runzelte die Stirn.

«Wir hatten eine Vereinbarung. Sie bestimmen den Markt für Seide, Lackwaren und andere Produkte aus China. Holland hingegen behält das Vorrecht für den Gewürzhandel.»

«Das werden wir sehen.»

«Da gibt's nichts mehr zu sehen», entschied der Holländer, bevor er das Messer wieder an sich nahm und fortging.

Eine Woche später traten Pearle und Van Petersen zu einem Duell an, bei dem der Ire ein Auge und der Holländer sein Leben verlor. Im darauf folgenden

Monat jedoch musste Pearle sich den Tatsachen beugen: Kein chinesischer Händler war bereit, ihm gute Gewürze zu liefern. Verbittert begab er sich ins britische Konsulat, um sich zu beschweren.

«Man hatte mir versprochen, dass ich hier reich werden würde. Nun bin ich wegen dieser verdammten Holländer ruiniert.»

Der Konsul nippte an einem seltsam parfümierten Getränk und sagte:

«Was wollen Sie? Die Politik des Kaiserreichs verlangt, dass das Monopol des einen wie des anderen respektiert wird.»

«Vielleicht. Doch die politischen Zwänge führen dazu, dass mir maßgebliche Ressourcen vorenthalten werden.»

«Beruhigen Sie sich, Mister Pearle. Wir werden schon eine Lösung finden. Schließlich gibt es nicht nur Gewürze. Dieses Land hat so viel mehr zu bieten. Hier, dies zum Beispiel.»

Der Konsul füllte eine Schale, aus der der Ire in kleinen Schlucken zu trinken begann. Er fand den Duft äußerst exquisit, wenn auch ein wenig mild für einen Mann, der es gewohnt war, Whisky zu kippen.

«Ach, das ist also Tee!»

Verwundert sah der Konsul ihn an.

«Wollen Sie damit sagen, dass Sie nie zuvor Tee probiert haben?»

«Nein, nicht einmal in London.»

«Nicht nur in London, sondern in der ganzen Welt wird Tee getrunken. Und hier in China wird Tee hergestellt. Köstlich, nicht wahr?»

Pearle verzog das Gesicht, als er die Schale leerte.

«Nicht schlecht. Aber kein Vergleich mit echtem Whisky.»

«Wenn Sie in China bleiben, sollten Sie sich daran gewöhnen. Abgesehen von Reiswein wird hier nichts anderes getrunken. Und in England, das kann ich Ihnen versichern, ist er so beliebt, dass inzwischen mehr Tee als Whisky getrunken wird.»

Diese letzten Worte sprach der Konsul sehr gedehnt. Mit einem Mal begannen Pearles Augen zu funkeln.

«Möglicherweise haben Sie mich gerade auf eine Idee gebracht.»

Schon bald darauf kaufte und verkaufte Pearle Tee. Dreißig Jahre später war er zum wichtigsten Teehändler in Shanghai aufgestiegen.

Doch in all den Jahren, in denen mehrere tausend Tonnen dieser kostbaren Ware durch seine Lagerhallen gingen, trank Pearle nicht einen einzigen Schluck davon.

CHARLES STOWE war beileibe kein unerfahrener Teetrinker, doch der Tee, den Pearle ihn an diesem Sommertag probieren ließ, überraschte ihn ob seiner außergewöhnlichen Qualität.

Die beiden Männer saßen auf der Terrasse des Iren, die auf das Meer hinausragte.

«Nie zuvor habe ich etwas so Köstliches getrunken. Ist das der weiße Tee, den ich bei dir bestellt habe?», fragte Charles.

«Nein, tut mir Leid, weißer Tee ist im Augenblick nicht aufzutreiben. Dies hier ist meine private Sorte. Eine Mischung aus grünem Tee, die nur in einem einzigen Tal wächst.»

«Wo liegt dieses Tal?»

«Das kann ich dir nicht verraten. Dieser Ort ist ein Geheimnis, das Gold wert ist. Es muss in meinem Besitz bleiben. Es macht meine Stärke in diesem Geschäft aus.» Mehr sagte der Ire dazu nicht.

«Ich kaufe dir zehn Kisten davon ab, zu einem Preis, den du bestimmst.»

«Einverstanden. Morgen früh lasse ich sie mit dem, was du sonst noch bestellt hast, auf das Schiff bringen.»

«In zwei Tagen sticht die *Amphitrit* wieder in See. Ich muss zurück nach London und weiß nicht, ob ich jemals wieder hierher zurückkommen werde.»

«Gute Reise.»

Gemächlich leerte Charles Stowe seine Schale, während Pearle schweigend Whisky schlürfte.

Der Engländer richtete den Blick auf den Horizont. Vor seinen Augen fuhr ein beleuchtetes Schiff vorbei, das bald darauf auf hoher See verschwand wie die Sonne, die im Meer versinkt.

ZWEI TAGE darauf lief die *Amphitrit* von Shanghai nach London aus. Ihre Fracht bestand aus einer beträchtlichen Ladung Tee und Gewürze, doch an Bord fehlte ein Passagier.

Noch am Abend desselben Tages begab sich Charles Stowe zu Pearle.

«Du bist nicht abgereist?», fragte der Ire.

«Nein.»

«Aber dein Vater erwartet dich doch?»

«Er erwartet nicht mich, sondern seine Lieferung, und die wird er bekommen.»

Pearle packte den jungen Mann am Arm.

«Warum? Warum tust du das?»

Charles Stowe atmete tief durch, bevor er antwortete:

«Du weißt doch, dass ich mit einem bestimmten Plan nach China gekommen bin.»

Pearle konnte sich ein Lachen nicht verkneifen:

«Ja. Du wolltest die heiligen Teegärten finden und den Chinesen die Geheimnisse der Herstellung entlocken ... Ich hoffe, du machst Scherze.»

«Keineswegs.»

Das Gesicht des Iren erstarrte.

«Ich verstehe dich nicht, Charles Stowe!»

Die Entschlossenheit des Engländers war deutlich in seinen Augen abzulesen, als er plötzlich sagte:

«Du musst mir jetzt endlich erzählen, was du weißt.»

Verblüfft blickte Pearle ihn an.

«Was ich weiß? Worüber?»

«Über diesen Tee. Es muss doch einen Grund geben, weshalb der chinesische Tee allen anderen so unendlich weit überlegen ist.»

«Vielleicht ist es bloß eine Frage des Wissens …»

«Und dieses Wissen ist ein Geheimnis.»

«Du sagst es. Es ist das Ergebnis einer tausendjährigen Erfahrung.»

«Ich werde einen guten Preis zahlen, um dem Geheimnis auf die Spur zu kommen.»

Pearle nahm einen kräftigen Schluck Whisky.

«Wenn es nur um Geld ginge, wäre das Rätsel längst gelöst. Doch ein solches Geheimnis erkauft man sich nicht mit Geld, sondern bezahlt es mit dem Leben.»

«Ohne dieses Geheimnis ist mein Leben nichts wert.»

Pearle hatte sich wieder gefasst und gab sich mysteriös:

«Wenn ich dich einweihe, werden wir für den Rest unseres Lebens untrennbar miteinander verbunden sein.»

«Das macht mir keine Angst. Ich kann sogar einen Vertrag mit dir abschließen.»

Der Ire lächelte, als er seinem Freund auf die Schulter klopfte.

«Du verstehst mich nicht. Es geht hier nicht um ein einfaches Stück Papier. Mir und allen Menschen dieses Landes bedeutet das nichts.»

«Kein Vertrag? Was willst du dann?»

«Einen mit unserem Blut besiegelten Pakt. Unterzeichnet mit der Spitze eines Messers.»

Pearle zog eine Klinge aus dem Futteral, das er am Gürtel trug, schnitt sich ins Handgelenk und beobachtete, wie langsam ein Blutstropfen hervorperlte.

«Ein Stück Papier kann man fälschen, nicht aber einen Blutspakt. Nun, bist du zum Unterzeichnen bereit?»

Der Engländer schluckte. Dann antwortete er mit starrem Blick:

«Ich bin bereit.»

Er streckte seinen Arm aus, damit Pearle auch ihm ins Handgelenk ritzen konnte. Anschließend vermischte sich das Blut des einen mit dem des anderen, und die beiden Männer begriffen, dass sie soeben den Punkt überschritten hatten, an dem es ein Zurück gab.

«Sehr gut», sagte Pearle, «nun kannst du nicht mehr nach London zurück. Und du wirst für mich arbeiten.»

«Ich bin damit einverstanden. Aber was ist mit dem Geheimnis?»

Der Ire blies den Rauch seiner Zigarre in die Sterne, drehte sich zu dem Engländer um und sagte:

«Das Geheimnis heißt Lu Chen.»

«Wer ist Lu Chen?»

«Das wirst du noch früh genug erfahren.»

Pearle zog ein weiteres Mal an seiner Zigarre, bevor er erklärte:

«Morgen gehen wir zu Wang, dem Mann, der für Lu Chen arbeitet und der mich beliefert.»

«Und wo finden wir diesen Wang?»

«Im Land des Tees.»

AM NÄCHSTEN Morgen brachen sie in aller Frühe von Shanghai nach Hwuy-Chow auf, das mehr als zweihundert Meilen landeinwärts lag. Sie reisten an Bord einer Dschunke, die langsam den Grünen Fluss hinauffuhr. Sie kamen an zahlreichen Städten vorbei und überwanden sämtliche Militärkontrollen des Kaiserreichs. Pearle war mit einem Passierschein ausgestattet, der ihm sämtliche Türen in China zu öffnen schien.

Die Städte hatten seltsame Namen, die schönsten lauteten Hang-Choo und Yen-Choo. Doch es war verboten, sie zu betreten.

Endlich, nach einer zwanzigtägigen Reise, erreichten sie den Stadtrand von Hwuy-Chow. Dort quartierten sie sich in einer Herberge ein und gönnten sich eine Ruhepause. Am nächsten Morgen reisten sie weiter. In einer Sänfte wurden sie durch die Stadt getragen und gelangten vor den Laden eines Händlers.

«Hier ist es», sagte Pearle.

Sie entließen die Träger und sahen sich unverzüglich von einer Horde Kinder umringt. Ein Mann trat aus dem Laden, um sie zu verscheuchen, verbeugte sich vor den beiden Männern und sagte:

«Folgen Sie mir. Wang erwartet Sie in seinem Haus.»

Sie folgten ihm durch die Gassen bis an das andere Ende der Stadt, das am Fuß eines Gebirges gelegen war. Dort entdeckten sie ein Anwesen, das in seiner stilvollen Eleganz an einen Tempel erinnerte. Der Diener entfernte sich, und die beiden Männer betraten einen Garten, in dem ein Springbrunnen aus Jade eine einschmeichelnde, zauberhafte Musik erklingen ließ.

Wang saß unter einem Teestrauch. Er lächelte und empfing sie mit den üblichen Worten:

«Endlich seid ihr da. Ich hatte schon gar nicht mehr mit euch gerechnet.»

WANG WAR ein vornehmer Herr. Sein Schädel war kahl rasiert, er trug eine grüne, mit Goldfäden durchwirkte Tunika und einen Dolch am Gürtel. Im Vergleich zu ihm wirkten die beiden Reisenden in ihren staubbedeckten Kleidern wie zwei glanzlose Kometen, die von einem herrlichen Stern beschienen wurden.

Wang war es gewohnt, mit dem Iren zu verhandeln, doch es war das erste Mal, dass Pearle ihn in Begleitung aufsuchte, und er misstraute dem Unbekannten.

«Kommt ihr, um Tee zu kaufen?», fragte er die beiden mit argwöhnischem Blick.

«Ja», erwiderte Pearle. «Sie haben nichts zu befürchten, Wang, dieser Mann arbeitet für mich.»

Da der Chinese schwieg, zeigte er ihm die Narbe an seinem Handgelenk:

«Wir haben einen Blutspakt geschlossen. Sie können ihm vertrauen.»

Wangs Gesicht entspannte sich.

«Seien Sie in dem Fall herzlich willkommen, Mister ...»

«Stowe. Charles Stowe.»

Wang musterte den Engländer, und da dieser weder den Blick senkte noch von so viel Pracht und Reichtum verunsichert zu sein schien, schloss er ihn gleich in sein Herz.

«Sind Sie zum ersten Mal im Land des Tees, Mister Stowe?»

«Es ist sogar das erste Mal, dass ich in China bin.»

«Dann muss ich Ihnen das erste der drei Geheimnisse des Tees verraten», sagte Wang.

Er klatschte in die Hände, und unverzüglich eilte ein Diener mit einem Silbertablett herbei, auf dem drei Schalen mit dampfendem Tee standen.

Charles Stowe nahm eine davon in die Hand, hob sie an seine Lippen und fand das Getränk köstlich.

«Ist das der Tee, den Sie anbauen?», fragte er.

In Wangs Stimme klang Respekt, vielleicht auch ein wenig Angst mit:

«Nicht ich. Lu Chen. Ich begnüge mich damit, den Tee, den er mir aus diesen Bergen liefert, in meinen Fabriken zu verarbeiten.»

Mit einer Handbewegung deutete der Chinese auf den ihn umgebenden Horizont und fügte mit einem viel sagenden Lächeln hinzu:

«Dabei gibt es noch bessere Tees. Doch das Wasser, mit dem dieser aufgebrüht wurde, ist das reinste im ganzen Kaiserreich.»

Er erhob sich und ging zu dem Springbrunnen aus Jade. Dort füllte er einen Becher mit Wasser und reichte ihn Charles Stowe, der einen Schluck davon nahm und sich beeindruckt von der außerordentlichen Reinheit des Trankes zeigte. Er betrachtete den Springbrunnen und fragte:

«Woher kommt dieses Wasser?»

«Aus einer Quelle in den Bergen. Von dort, wo Lu Chen lebt.»

Dann verkündete Wang:

«Dies ist das erste Geheimnis: Ohne vortreffliches Wasser gibt es keinen vortrefflichen Tee.»

BEI ANBRUCH des nächsten Tages verließen sie Wangs Haus und machten sich auf den Weg in die Berge. Lange wanderten sie auf Pfaden, die von starken Regenfällen arg in Mitleidenschaft gezogen worden waren. Dann durchwateten sie zwei Bäche. Wang führte sie mit schlafwandlerischer Sicherheit. Der Dolch an seinem Gürtel schlug mit jedem Schritt gegen seine Hüfte.

Schließlich gelangten sie in ein tief eingeschnittenes Tal, wo jeder Berghang mit Teesträuchern bewachsen war.

«Das heilige Tal», sagte Wang. «Das heilige Tal des Tees.»

«Wieso gerade hier?», fragte der Engländer.

«Weil es von allen Tälern das am besten geschützte und feuchteste ist, sicher vor Winden und Unwettern. Hier regnet es oft, und wenn der Regen ausbleibt, wird er durch Dunst und Nebel ersetzt.»

«Das Wasser.»

«Ja. Das Wasser. Das erste Geheimnis des Tees.»

Charles Stowe war glücklich: Er war im Reich des Tees. In diesen Bergen gab es die schönsten Plantagen der ganzen Welt und zweifellos auch die seltensten.

Überall bedeckten die Blätter der *Camellia sinensis* die Erde. Ein riesiger Ozean aus seidigen Wellen, ein Meer aus leuchtendem Grün, von dem nur die Gischt geerntet wurde. Trunken vor Freude und Glückseligkeit durchschwamm er die Fluten.

Lange spazierte er in diesem Paradies umher und begriff, dass er nie zuvor etwas Schöneres gesehen hatte.

Getreu der Legenden, die sein Vater ihm erzählt hatte, sammelten die Teepflückerinnen die jungen Blüten mit erstaunlicher Fingerfertigkeit ein. Doch gab es keine goldenen Scheren und keinen Kaiser.

Es gab nur ihn, Charles Stowe, und für einen Tag fühlte er sich wie der König des Tees.

IN ANDÄCHTIGER Stille marschierten die drei Männer bis in das Tal. Dort gab es eine Fabrik, in der zahlreiche Frauen beschäftigt waren.

Ein bewaffneter Wächter sah sie näher kommen und verneigte sich vor ihnen. Wang grüßte ihn und wandte sich an seine fremden Begleiter.

«Hier also wird der beste Tee der Welt hergestellt. An diesem Ort wird sämtlicher Tee, den Lu Chens Angestellte ernten, zusammengetragen und nach altem Brauch weiterverarbeitet. Nun müsst ihr nur noch die Augen öffnen und schauen.»

Charles Stowe sah einen Teppich aus Blättern, die in der Sonne trockneten. Und Hunderte von knienden Frauen, die unermüdlich jene Blätter aussortierten, die anschließend zu Tee werden würden. Tief berührt wohnte er diesem magischen und doch so realen Schauspiel bei. Ein Meer aus Smaragden, durch das sich schweigend Fische aus Gold und Silber bewegten.

Die verschiedenen Teesorten hatten ebenso verwirrende wie poetische Namen.

«*Pi Lo Chun* und *Lung Ching*», erklärte Wang.

«*Jadespirale des Frühlings* und *Drachenbrunnen*», übersetzte Pearle.

Beim Rundgang durch Wangs Fabrik entdeckte Charles Stowe die besondere Stelle, an der die Blätter von außergewöhnlicher Qualität verarbeitet wurden. Er nahm einige davon in die Hand, zerrieb sie und roch ihren Duft. Es war ein Rausch, das reinste Entzücken.

Wang tat es ihm gleich. Dann drehte er sich zu ihm um und sagte:

«Dies ist das zweite Geheimnis: Ohne vortrefflich verarbeitete Blätter gibt es keinen vortrefflichen Tee.»

KURZ DARAUF sagte Wang zu ihnen:

«Ich muss Sie nun sich selbst überlassen. Die Geschäfte rufen. Ich erwarte Sie heute Abend, zum Essen.»

Dann entfernte er sich, nicht ohne ihnen einen seiner Männer zur Verfügung zu stellen. Die beiden Besucher beobachteten, wie er schweigend davonging. Als er aus ihrem Blickfeld verschwunden war, wandte Charles Stowe sich an Pearle:

«Ist es das, was du mit mir teilen wolltest?»

Pearle sah ihn an und flüsterte, als würde er ein Geständnis ablegen:

«Ja. Aber bislang hast du nur den sichtbaren Teil entdeckt. Hier lässt Wang den Tee verarbeiten. Doch er pflanzt ihn nicht. Und außer der Fabrik gehört ihm nichts.»

«Aber dieses Tal ist doch ...»

«Dieses Tal ist nichts. Es ist bloß der Eingang zu Lu Chens Reich. Jenseits dieser Berge gibt es riesige Plantagen, genug, um den Durst der ganzen Welt zu stillen.»

Er deutete zum Horizont.

«Dort drüben lebt Lu Chen, der wahre Meister

des Tees. Aber es ist völlig unmöglich, ihn zu treffen.»

«Wieso?»

«Wie alle mächtigen Männer schirmt er sich ab, um den Gefahren, die ihn bedrohen, zu entgehen. Und ist Unsichtbarkeit nicht der beste Schutz?»

«Also hast du ihn noch nie gesehen?»

«Nein. Man sagt, er hüte das Geheimnis um seine Person so sehr, dass tatsächlich niemand sein Gesicht kennt.»

Charles Stowe war von Pearles Worten so verwirrt, dass er lange überlegen musste.

«Nicht einmal Wang?»

Der Ire schüttelte den Kopf.

«Aber wieso?»

«Alle, die diese Ehre genossen haben, wurden geköpft.»

Charles Stowe schauderte.

Am Abend begann es zu regnen. Eine hinter der anderen, wie eine lange, bunte Schlange, die durch leuchtendes Blattwerk gleitet, gingen die Frauen nach Hwuy-Chow zurück.

Die beiden Männer blieben noch lange in der Fabrik und wählten die besten Blätter aus. Danach betrachteten sie stumm und reglos die grünen Flammen aus Tee, die in der Abenddämmerung erloschen.

DAS ABENDESSEN in Wangs Haus gestaltete sich als großes Fest zu Ehren der beiden Europäer. Auf Silbertabletts wurden fünfzig verschiedene Speisen aufgetragen und so viel Tee, dass man sämtliche Flüsse Chinas damit hätte füllen können.

Wang war ein reicher und mächtiger Mann. Und jeder in seiner Umgebung schien das zu wissen.

Nach dem Essen klatschte er in die Hände, und unverzüglich eilten zwanzig Frauen herbei, die jedem Gast ein heißes, duftendes Tuch überreichten.

Anschließend trat ein Orchester auf, und man trank einen weißen, gewürzten Likör, der heftig in der Kehle brannte.

Charles Stowe kümmerte sich weder um Wang noch um Pearle. Im Schneidersitz saß er da und hatte nur noch Augen für eine Unbekannte, die soeben aufgetaucht war. Es handelte sich um eine Chinesin. Sie hatte langes, schwarzes Haar und mandelförmige, tiefgrüne Augen. Und sie tanzte.

Lange und schweigsam betrachtete der Engländer sie, wobei ihm keine ihrer Bewegungen entging. Es war, als würde er einem Schauspiel beiwohnen, das man nur einmal in seinem Leben zu sehen bekommt.

Nach dem Ende des Tanzes näherte sich Charles Stowe der Tänzerin und reichte ihr ein Glas Likör. Sie lächelte und nahm das Angebot an. Sie war eine Frau, deren Schönheit und Frische so sehr strahlten, dass man auf ihrer Haut eine Art goldenen Glanz und ein kindliches Leuchten gewahrte.

«Wer ist diese Frau?», fragte Stowe Pearle.

Der Ire sah seinem Begleiter direkt in die Augen, als er sagte:

«Frag Wang.»

Genau in diesem Moment kam Wang zu ihnen herüber und raunte ihnen zu:

«Darf ich vorstellen: die einstige Frau von Lu Chen.»

NACHDEM DIE Tänzerinnen gegangen waren, wurde das Festmahl fortgesetzt. Es dauerte bis spät in die Nacht. Allerdings zeigte Charles nach dem Verschwinden der Chinesin mit den grünen Augen kein großes Interesse mehr an der zu seiner Ehre abgehaltenen Feier. Nach dem Dessert, bei dem zur Erfrischung zehn Körbe mit Früchten gereicht wurden, die er jedoch nicht anrührte, bat er um die Erlaubnis, sich zurückziehen zu dürfen.

«Das war ein wunderbarer Empfang. Ich werde mich mein Leben lang daran erinnern», sagte er zu Wang und verabschiedete sich.

Der Chinese bedankte sich und wünschte ihm eine Nacht voller Träume und Jasminduft.

Pearle folgte seinem Begleiter nicht.

«Du verstehst, dass ich noch bleibe. Man wird noch Alkoholisches servieren. Gute Nacht, Charles.»

«Auch dir eine gute Nacht, Pearle.»

Dann verzog er sich auf sein Zimmer.

In jener Nacht schloss Charles Stowe kein Auge. Ständig hatte er das Bild dieser Frau vor sich, die mit langsamen, maßvollen Bewegungen ihren Tanz vollführte. Er hatte den Eindruck, im Schaufenster eines

Antiquitätenhändlers einen Automaten entdeckt zu haben, der sich unentwegt zu einer alten Leier dreht. Und bei dessen Anblick man sich sagt, dass man diesen altmodischen Gegenstand mit seinem verführerischen Charme lange ersehnt, aber nie wirklich danach gesucht hat.

AM NÄCHSTEN Tag verließen die beiden Männer Wangs Haus und begaben sich wieder an die Ufer des Grünen Flusses, wo Pearle das Schiff zurück nach Shanghai nehmen würde.

Wang schritt ihnen voran, gefolgt von zehn Kulis, die auf ihren Schultern Kisten mit Tee trugen, so schwer, dass sie ihrem eigenen Körpergewicht entsprachen. Obwohl Pearle und Stowe durchaus zäh waren, hatten sie erhebliche Mühe, diesen Männern auf den schlammigen und glitschigen Wegen zu folgen.

Irgendwann drehte der Ire sich zu seinem Kameraden um und erklärte ihm:

«Am wichtigsten ist es, die Kulis im Auge zu behalten und sicherzustellen, dass sie die Kisten niemals auf der Erde absetzen. Der Boden am Flussufer ist so feucht, dass die Fracht innerhalb kürzester Zeit verderben würde.»

«Und wie ruhen sie sich dann aus?»

«Sie lehnen sich an einen Baum.»

«Und wenn gerade keine Bäume da sind?»

«Dann legen sie sich auf die Erde und setzen sich die Teekiste auf die Brust.»

Charles Stowe dachte einen Moment lang nach. Dann fragte er Pearle:

«Lautet so das dritte Geheimnis des Tees?»

Der Ire lachte laut auf.

«Nein. Das dritte Geheimnis bleibt unzugänglich.»

Insgeheim glaubte Charles Stowe, das dritte Geheimnis erraten zu haben, doch bevor er den Mund aufmachen konnte, sagte Pearle, der die Frage schon vorausgeahnt hatte:

«Es ist zwecklos, Wang um eine Begegnung mit Lu Chen zu bitten, er wird dich nicht zu ihm führen.»

So gingen sie weiter, bis sie den Fluss erreichten. Bevor er an Bord der auf ihn wartenden Dschunke stieg, legte Pearle dem Engländer eine Hand auf die Schulter und flüstete ihm zu:

«Willst du nach wie vor hier bleiben?»

«Ja.»

«Dann wünsche ich dir einen angenehmen Aufenthalt in Hwuy-Chow. Wang wird dir dabei helfen, in der Fabrik die besten Tees auszuwählen. Anschließend, sobald die Ware bereit ist, bringst du sie mir nach Shanghai. Hier, nimm, dies ist der Passierschein, der dir sämtliche Türen in China öffnen wird.»

Er reichte ihm ein Dokument voller seltsamer Schriftzeichen.

PEARLE ging an Bord, und sogleich legte die Dschunke vom Ufer ab. Wie einen Schalltrichter hielt Wang seine Hände an den Mund und rief dem Iren hinterher:

«Keine Sorge. Ihr Freund ist hier in Sicherheit.»

Pearle nickte mit dem Kopf, winkte mit der Hand und verschwand, als würde er von den Wassern des Flusses verschluckt.

Nun stand Charles Stowe allein an den Ufern eines Landes, das er nicht kannte, und fühlte sich ein wenig verloren. Er drehte sich um und sah Wang, der ihn anschaute.

«Jetzt sind Sie mein Gast, Mister Stowe. Und nichts von dem, was ich Sie entdecken lasse, werden Sie jemals wieder vergessen können.»

CHARLES STOWE blieb und arbeitete bei Wang. Es war ein friedlicher Aufenthalt.

Bei Sonnenaufgang stand er auf und ernährte sich von seltsamen Früchten, die er auf einer schattigen Terrasse zu sich nahm. Hier gediehen Pflanzen, deren Duft seine Sinne betörte. Anschließend begab er sich in die Fabrik, wo er mit unendlicher Sorgfalt die Teeblätter aussuchte, die er Pearle schicken würde. Abends kehrte er in Wangs Haus zurück. Dort erwartete ihn das Abendessen in einem Saal, der so reich geschmückt war, dass er sich, als er ihn das erste Mal betrat, wie in einem Palast vorkam.

Bevor er zu Bett ging, schrieb er einige Zeilen in sein Tagebuch und notierte die paar chinesischen Grundbegriffe, die er gelernt hatte.

Stowe dachte, er würde die Frau, von der man sagte, sie sei die Gattin von Lu Chen gewesen, niemals wiedersehen. Bis zu dem Tag, an dem er beschloss, Wang auf sie anzusprechen.

Der Moment schien eines Abends nach dem Essen gekommen. Der Himmel war über und über mit Sternen gesprenkelt, und auf den beiden Männern lastete eine dumpfe Stille.

«Wo kann ich sie treffen?»

Wang blickte Stowe erstaunt und befremdet an.

«Diese Tänzerin, die Lu Chens Frau war – wo ist sie?»

«In der Stadt, in Hwuy-Chow. Aber Sie wollen doch wohl nicht im Ernst dorthin gehen.»

«Wieso nicht? Ich sehe keine Gefahr damit verbunden. Und niemand kann mich davon abhalten, diese Frau wiederzusehen. Genauso wenig, wie man mich daran hindern kann, Lu Chen aufzusuchen.»

Der Chinese zuckte zusammen. Dann erwiderte er mit verschlossener Miene:

«Das glauben Sie! Ganz China bedeutet Gefahr, wenn man hier fremd ist.»

Und nach einer kurzen Pause fügte er hinzu:

«Aber selbstverständlich sind Sie frei, das zu tun, was Ihnen richtig erscheint.»

EINES MORGENS, als er gerade Wasser aus dem Jadebrunnen schöpfte, sah Charles Stowe, wie Wang sich ihm näherte:

«Möchten Sie wirklich alles über Tee wissen?»

Charles Stowe erwiderte, er wünsche sich nichts sehnlicher auf der Welt.

«Dann müssen Sie das dritte Geheimnis herausfinden.»

Da der Engländer nicht reagierte, fragte ihn Wang:

«Haben Sie es erraten?»

«Ja, ich glaube.»

«Ich höre, Mister Stowe.»

Nach einem langen Schweigen gab der Engländer die so ungeduldig erwartete Antwort:

«Das dritte Geheimnis des Tees ist Lu Chen, nicht wahr?»

Das Gesicht des Chinesen leuchtete auf.

«Sie haben es also herausgefunden.»

«Das war nicht schwer.»

«Sie haben Recht. Ohne Lu Chen gibt es keinen vortrefflichen Tee.»

«Was wissen Sie über ihn, Sie, der nicht einmal sein Gesicht kennt?»

«Genug, um diesen Mann zu respektieren und bis ans Ende meiner Tage für ihn zu arbeiten.»

«Er macht Ihnen Angst. Er macht allen hier Angst. Wieso erzittern Sie vor ihm?»

«Sehen Sie mich an, Mister Stowe. Ich zittere nicht.»

Der Engländer gab sich geschlagen. Wang wusste auf alles eine Antwort.

«Wer ist er? Wer ist er wirklich? Ist sein Gesicht so schön, dass man in Bewunderung erstarren muss, oder ist es von erschreckender Hässlichkeit? Und warum versteckt er sich vor den Blicken der anderen? Warum?»

«Wollen Sie das wirklich wissen?»

Ein Schatten huschte über das Gesicht von Stowe. Er schien eine Entscheidung zu treffen.

«Ja.»

«Vielleicht kann diese Frau, die Lu Chens Gattin war, Ihnen weiterhelfen. Oder …»

Er hielt ihm eine Karte hin, auf der eine Adresse geschrieben stand.

«… diese Karte, die sie mir gegeben hat. Für Sie.»

CHARLES STOWE machte sich auf den Weg in die Stadt und suchte die auf dem Kärtchen angegebene Adresse auf. Sie lag an der wichtigsten und populärsten Geschäftsstraße von Hwuy-Chow. Ein großes Haus mit grünen, geschlossenen Fensterläden. Er klopfte an eine schwere Holztür. Eine Hausangestellte öffnete und trat lächelnd vor ihn. Wortlos übergab er ihr die Visitenkarte. Das Gesicht der Dienerin hellte sich auf.

«Kommen Sie herein!», sagte sie.

Sie sprach Englisch mit einem leichten, reizenden Akzent. Er folgte ihr durch einen Flur, an dessen Wänden kleine, längliche Spiegel hingen. Am Ende des Flurs befand sich eine Mahagonitür.

«Hier ist es. Treten Sie ein, Sie werden erwartet.»

Sie klopfte an die Tür und entfernte sich. Charles Stowe trat in das Zimmer. Ein düsteres Gemach voller Gegenstände und Pflanzen. Abgesehen von ein paar Lichtstrahlen, die durch die geschlossenen Vorhänge fielen, war es dunkel. Zwei Sessel, ein niedriger Tisch, auf dem ein Teeservice aus ziseliertem Silber stand, ein paar Gemälde an den Wänden. Und überall der Duft von Räucherstäbchen. Langsam schritt er vorwärts und wartete ab.

«Sie wünschten mich zu sehen?»

Er drehte sich um und entdeckte in der dunkelsten Ecke des Raumes eine Frau, die auf einem mit Seide drapierten Sofa lag. Von ihrem Gesicht konnte er nichts erkennen außer ihrem Mund, der rot leuchtete wie eine Frucht. Sie schob die Vorhänge zur Seite, Licht durchflutete den Raum. In diesem Moment erkannte er die Frau, die genauso schön und rätselhaft war wie bei ihrer ersten Begegnung. Sie trug bloß eine Tunika aus grüner Seide. Sie hatte langes, schwarzes Haar. Riesige, grüne Augen.

Und sie rauchte eine Opiumpfeife.

«WANG HAT mir Ihre Karte gegeben und ausgerichtet, dass Sie mich sehen wollen.»

Die Frau deutete mit dem Kinn auf einen Sessel.

«Bitte, nehmen Sie Platz.»

Behutsam erhob sie sich von dem Sofa, legte ihre Pfeife in einen Aschenbecher und setzte sich auf den Stuhl ihm gegenüber.

«Tee?»

«Bitte.»

Sie goss kochend heißes Wasser in eine Silberschale, auf der ein Vogel abgebildet war, und ließ den Tee ziehen. Dann reichte sie ihm das Getränk mit einem angedeuteten Lächeln:

«Ich weiß, dass Sie Charles Stowe heißen.»

Der Engländer verneigte sich.

«Darf ich Sie nach Ihrem Namen fragen?»

Sie zögerte kurz, bevor sie erwiderte:

«Ich heiße Loan.»

Angesichts der Schönheit dieser Frau war Charles Stowe fassungslos. Sogar den Klang ihres Namens liebte er. Und jeder Ausdruck auf ihrem makellosen Gesicht brachte ihn dem Liebesglück und dem Liebesleid merklich näher.

«Sind Sie Tänzerin?»

Sie begann zu lachen und hob die Augen gen Himmel.

«Nein, Gott bewahre. Ich tanze nicht, um mir damit meinen Lebensunterhalt zu verdienen, sondern einzig und allein, weil es mir gefällt zu sehen, wie die Männer sich in mich verlieben.»

«Ein Spiel, das Sie ausgezeichnet beherrschen. Sie sind von einer unwiderstehlichen Anmut, die mich gleich bei unserer ersten Begegnung verzaubert hat. Und seither denke ich unaufhörlich an Sie.»

«Das überrascht mich nicht.»

Loan, die erneut zu ihrer Opiumpfeife gegriffen hatte, nahm einen tiefen Zug und fuhr fort:

«Ich bin die Schönste von allen, das ist die Wahrheit, nur wenn ich Sie belügen wollte, würde ich behaupten, ich sei die Hässlichste.»

Charles Stowe war völlig verdutzt.

Sie lachte, füllte nun für sich selbst eine Schale mit Tee und wechselte das Gesprächsthema.

«Wie geht es Pearle?»

Diese Frage überraschte Charles Stowe nicht.

«Gut, nehme ich an.»

«Sie kennen ihn noch nicht lange, nicht wahr?»

Sie sagte das in einem Ton, der nicht nach einer Antwort verlangte. Sie hob die Teeschale an ihre Lippen und sah Stowe gleichzeitig an.

«Weswegen sind Sie nach China gekommen?»

«Wegen meiner Vorliebe für Tee.»

Sie lächelte.

«Alle Männer behaupten, sie kämen wegen des Tees hierher, doch in Wahrheit kommen sie wegen der Liebe und wegen des Geldes.»

Der Engländer erwiderte nichts.

«Ich wette, Sie sind wie alle anderen. Sie kaufen und verkaufen Tee, doch Sie konsumieren Frauen und Alkohol.»

«Das kommt vor. Trotzdem liebe ich Tee. Wirklich … Und ich glaube, dass ich Sie ebenfalls zu lieben beginne.»

Einen Moment lang sah sie ihn an, dann stellte sie ihre Schale auf dem niedrigen Tisch ab, erhob sich und näherte sich Charles Stowe schweigend. Sie setzte sich auf die Sessellehne, wobei sie ihn mit ihren grünen Augen fixierte, legte ihre Hand auf sein Gesicht und ließ ihren Zeigefinger von seinen Augenbrauen bis zu seinem Mundwinkel gleiten. Dann beugte sie den Kopf zu ihm hinunter und küsste ihn.

Bei dieser Bewegung rutschte die Tunika von ihrer Schulter und entblößte einen Teil ihres Rückens. In diesem Moment sah Charles Stowe, dass auf ihre Schulter eine Opiumblüte tätowiert war.

CHARLES STOWE war noch nie einer tätowierten Frau begegnet. Für ihn hatte diese Besonderheit etwas verwirrend Erotisches, und als sie ihre Lippen von seinen löste, konnte er nicht umhin, sie zu fragen:

«Was stellt diese Tätowierung dar?»

«Eine weiße Mohnblüte.»

Wortlos blickte er sie an.

«Haben Sie noch nie Opium probiert?», fragte sie.

Er schüttelte den Kopf.

«Opium ist sehr sanft und gleichzeitig schrecklich. Ein bisschen wie die Liebe.»

Sie küsste ihn erneut, bevor sie fortfuhr:

«Hat man einmal davon gekostet, so fällt es schwer, jemals wieder davon zu lassen.»

Sie hob den Kopf.

«Diese Tätowierung habe ich mir nicht selbst ausgesucht. Opium ist eine Liebe, die man sich nicht aussucht.»

Stowe fragte:

«Wer ist Lu Chen?»

Voller Verzweiflung sah sie ihn an.

«Sind Sie seinetwegen hergekommen?»

«Nein. Ihretwegen bin ich gekommen. Aber ich muss wissen, wer dieser Mann ist, mit dem Sie verheiratet waren.»

Sie strich sich eine Haarsträhne hinter das Ohr und sagte:

«Lu Chen ist der Mann, dem ich diese … Opiumblüte verdanke. Ich habe ihn verlassen, das stimmt. Aber er ist nach wie vor mein Mann. Und er wird es immer bleiben.»

«Ich verstehe nicht.»

«In China kann eine Ehefrau verstoßen werden. Ein Ehemann jedoch nicht. So lautet das Gesetz, und niemand kann dem zuwiderhandeln. Lu Chen ist ein Herr. Und einen Herrn verlässt man nicht.»

«Wang ist ebenfalls ein Herr. Er könnte Sie aufnehmen.»

Sie sah ihn an und begann zu lachen:

«Nein, im Vergleich zu Lu Chen ist Wang ein Niemand. Lu Chen ist eine höhere Gewalt. Nichts und niemand widersetzt sich ihm. Er schwankt unentwegt zwischen Licht und Finsternis. Zwischen Schönheit und Hässlichkeit.»

«Wie haben Sie ihn kennen gelernt?»

Sie schien einen Moment lang zu zögern, bevor sie antwortete:

«Ich war noch ein Kind, und Lu Chen war bereits der Meister des Tees. Mein Vater arbeitete für ihn, und nach seinem Tod nahm Lu Chen mich in seine Obhut.

Jahrelang hatte ich keinen Grund, mich über ihn zu beklagen, ich sah ihn nur sehr selten. Unermüdlich fuhr er den Grünen Fluss hinauf und hinunter, wie ein König, der sein Reich bewacht. Er war ein so stattlicher, so starker Mann, dass bei der bloßen Erwähnung seines Namens alle erzitterten. Er konnte großherzig zu seinen Männern sein, wenn sie außerordentlichen Mut bewiesen hatten, oder aber grausam und unerbittlich, wenn einer von ihnen auch nur den geringsten Fehler begangen hatte. Mal überschüttete er sie mit Gold, mal schnitt er ihnen die Kehle durch. In Wahrheit, glaube ich, wollte er sein wie ein Gott!»

«Und für Sie war er ein Gott, nicht wahr?»

«Ja. Bis zu dem Tag, an dem ich begriff, dass er mich zu seiner Frau machen wollte und mit den Vorbereitungen für unsere Hochzeit begonnen hatte.»

Plötzlich erschauderte sie und verstummte.

«Was geschah an jenem Tag?»

«Ich weinte. Aber ich war machtlos. Die Hochzeit fand statt. Ein grandioses Fest. Ich war die Ehefrau von Lu Chen. Doch nur ein Jahr lang. Am Tag, der auf den ersten Jahrestag unserer Hochzeit folgte, bin ich geflohen. Ich verließ die Berge, um hier in Hwuy-Chow Zuflucht zu suchen.»

«Wie hat er reagiert?»

«Es war das erste Mal, dass jemand ihm etwas zu verweigern wagte. Das machte ihn verrückt. Seither lebe ich in ständiger Gefahr. Ich weiß, dass er bald kommen wird, um mich zu holen.»

Charles Stowe wollte eben etwas sagen, doch sie kam ihm zuvor:

«Falls er sterben würde, wäre ich natürlich gerettet. Doch niemand kann Lu Chen umbringen. Niemand!»

«Aber er ist doch nicht unbesiegbar.»

«Doch. Das ist er. Weil niemand ihn jemals gesehen hat.»

«Aber Sie, Sie würden ihn doch wiedererkennen, und …»

Loan senkte den Blick und seufzte:

«Machen Sie sich keinerlei Hoffnung. Ich habe sein Gesicht nie gesehen!»

Ungläubig stammelte Charles Stowe:

«Wie ist das möglich …?»

«Es ist einfach so. Er zeigte sich mir nur mit einem Schleier vor dem Gesicht. Nachts kam er im Dunkeln in mein Bett und verließ es wieder vor Tagesanbruch.»

«Unglaublich!»

Sie legte einen Finger auf seinen Mund:

«Ich habe Ihnen zu viel erzählt. Ich bitte Sie, gehen Sie jetzt.»

Tausend Fragen brannten ihm auf den Lippen, doch er stellte nur eine einzige:

«Wann werde ich Sie wiedersehen?»

CHARLES STOWE ging zu Wang zurück. Der Chinese saß im Schneidersitz auf einer Matte und erwartete ihn bereits.

«Hat sie Ihnen ihren Namen verraten?»

«Sie sagte mir, sie würde Loan heißen.»

«Sie hat auch noch einen anderen Namen.»

«Und der lautet?»

«Das kann ich Ihnen nicht verraten. Ein Name, den man in China nicht ausspricht. Gehen wir also davon aus, sie würde Loan heißen. Was wollten Sie von mir wissen?»

Der Engländer vergaß dieses neuerliche Geheimnis und fragte:

«Sie sind derjenige, der diese Frau vor Lu Chens Zorn in Schutz nimmt, nicht wahr?»

Wang lächelte.

«Nein. Gegen die Wut dieses Mannes kann ich nichts ausrichten. Wenn man mir den entsprechenden Befehl erteilt, werde ich sie zu ihm zurückschicken. Aber ich glaube, er wartet darauf, dass sie freiwillig zurückkehrt. So kann er mir gegenüber sein Gesicht wahren. Und am Ende wird sie sich fügen, dessen bin ich mir sicher.»

«Und diese Tätowierung, diese Opiumblüte, was hat die genau zu bedeuten?»

Wang antwortete nicht sofort. Zunächst griff er nach einem Porzellanschälchen, auf das ein grüner Drache gemalt war. Dann nahm er einen Teekessel, schenkte langsam einen seltenen und köstlichen Tee in diese Schale, lauschte der Musik des Wassers und sagte schließlich:

«Das bedeutet, dass sie Lu Chen gehört. Eine schöne Tätowierung, nicht wahr? Was würden Sie davon halten, selbst eine solche zu tragen?»

Charles Stowe begann zu frösteln. Dann aber fasste er sich wieder, griff nach der Schale Tee, die Wang ihm reichte, trank einen Schluck und erwiderte:

«Ich bin hier, weil ich den Spuren des Tees folgte. Nicht um zum Eigentum von wem auch immer zu werden.»

Eine Weile zeigte Wang keinerlei Regung. Schließlich erhob er sich, drehte sich um, ließ sein Gewand nach unten gleiten und zeigte seine Schulter, auf der die gleiche Tätowierung zu sehen war wie bei Loan.

«Das waren auch meine Worte, bevor ich in die Dienste von Lu Chen trat.»

CHARLES STOWE sprach nie wieder mit Wang über Loan, nicht einmal mehr über das Geheimnis, das diesen Furcht einflößenden Lu Chen umgab. Auch der Chinese schnitt das Thema nicht mehr an. Es war wie eine stillschweigende Übereinkunft, ein geteiltes Geheimnis, eine Brandwunde, die man nicht mehr spürt, die jedoch als Erinnerungsmal in die Haut geritzt bleibt.

Eines Abends, als der Engländer nachdenklich vor dem Jadebrunnen stand, wandte sich Wang überraschend mit folgenden Worten an ihn:

«Denken Sie nicht mehr an Loan.»

Stowe hob die Augen und fragte:

«Woher wissen Sie, dass ich soeben tatsächlich an sie dachte?»

Der Chinese lächelte.

«In Ihrem Gesicht kann man lesen wie in einem offenen Buch.»

Charles Stowes Körper wurde von einem Schauder erfasst, der so wenig wahrnehmbar war wie die Bewegungen der Teebaumblätter im Morgenwind.

«Ich muss Lu Chen treffen.»

«Warum?»

«Ich möchte diese Frau heiraten.»

«Aber dazu müssen Sie Ihren Feind töten, sind Sie sich dessen bewusst?»

«Ja.»

Schweigen.

«Nichts hindert Sie daran. Allerdings muss es Ihnen erst einmal gelingen, zu ihm vorzudringen.»

AM NÄCHSTEN Morgen weckte Wang seinen englischen Gast mit den ersten Sonnenstrahlen.

«Stehen Sie auf. Es ist Zeit, loszugehen.»

Als Charles Stowe zu Wang auf die Terrasse trat, fragte er:

«Wohin gehen wir?»

«In die Fabrik natürlich. Vergessen Sie nicht, dass Sie wegen des Tees und der Geheimnisse seiner Herstellung hier sind.»

Die beiden Männer machten sich auf den Weg in die Fabrik, wo sie den ganzen Tag lang arbeiteten. Wang lehrte ihn, die verschiedenen Reifestadien der Blätter zu erkennen. Wie gewohnt hörte Stowe schweigend zu und merkte sich in Gedanken, was er später in seinem Tagebuch festhalten würde.

Als es hieß, die Ladung in die Stadt zu bringen, luden Wangs Männer sich die Teekisten auf die Schultern. Da es heftig regnete und die Kulis auf dem schlammigen Pfad nur schleppend vorankamen, dauerte der Marsch lange und gab dem Engländer die Gelegenheit, unterwegs umherzuschlendern. Mehrmals verließ er den Tross, um neugierig jede Strauchart in Augenschein zu nehmen, die sich ihm am Wegesrand offenbarte. Als er sich der Gruppe wieder anschloss, wartete Wang schon auf ihn. Er stand in der Mitte des Pfades und blickte missmutig drein.

«Wo waren Sie?»

«Dort hinten.»

Mit einer vagen Geste deutete er auf eine Stelle irgendwo hinter der Baumreihe.

«Entfernen Sie sich nicht mehr von der Gruppe. Sie könnten umgebracht werden.»

Charles Stowe runzelte die Stirn. Zu keinem Zeitpunkt hatte er sich bisher in Gefahr gefühlt.

«Vergessen Sie nicht, dass Sie Engländer sind und sich in China befinden.»

ALS SIE EINE Stunde später die Stadt erreichten, fragte Wang:

«Möchten Sie diesen grünen Tee gegen blauen tauschen?»

Verblüfft sah Stowe ihn an. Das hatte er nicht zu hoffen gewagt.

«Warum nicht?», erwiderte er arglos.

«Dann folgen Sie mir.»

Sie gingen auf das Geschäft eines Händlers zu. Dort wurden sie von einem Mann empfangen, der über ihr Kommen informiert zu sein schien. Dieser Mann führte sie in einen Hinterhof, wo mehrere Frauen über Bottiche gebeugt waren und riesige Mengen tiefblauer Blätter umrührten. Überall im Geschäft gab es Blätter in dieser hübschen Farbe. Charles Stowe bestellte zehn Kisten davon.

Zurück in Wangs Haus, erkundigte er sich nach dem Geheimnis des blauen Tees:

«Wieso findet man diese Teesorte in China und nirgendwo sonst?»

Der Chinese sah ihn an und antwortete lachend:

«Es handelt sich bloß um grünen Tee mit ein wenig Gipspulver. Daher kommt die blaue Farbe.»

So erkannte Charles Stowe den Betrug und auch die List der Chinesen. Dieser Tee kostete in London ein Vermögen, doch er war nicht mehr wert als irgendein anderer.

Hinterlistig fügte Wang hinzu:

«Die Chinesen trinken niemals blauen Tee. Er eignet sich nur für die Engländer!»

TAGS DARAUF ließ Wang seinen Gast endlich den schwarzen Tee kosten, der in seiner Fabrik hergestellt wurde. Dieser Tee kam Charles Stowe noch duftender vor als der, den er anderswo probiert hatte.

Einmal mehr war er entzückt. Lu Chen war, wo auch immer er sich aufhielt, der Meister des Tees, und niemand konnte es mit der Qualität seiner Produkte aufnehmen. Charles Stowe kaufte große Mengen dieses schwarzen Tees, bevor die beiden Männer wieder nach Hause gingen.

Am Fluss kreuzten sie eine Dschunke mit Opiumrauchern. Es war kurz vor Einbruch der Nacht, und am Himmel leuchteten bereits die ersten Sterne. Geräuschlos, von zwei Fackeln erhellt, fuhr die Dschunke an ihnen vorbei. Charles Stowe bemerkte einige Männer, die auf dem Rücken liegend an langen Pfeifen zogen. Ihre Wangen waren hohl und ihre Blicke verschleiert. Sie schienen von einem geheimnisvollen Dunst umhüllt, wie seelenlose Wesen.

DIE IDEE, Loan zu befreien, ließ Charles Stowe nicht mehr los. Eines Tages bat er Wang eindringlich nach Auskunft über Lu Chens Aufenthaltsort. Das Gesicht des Chinesen blieb wie versteinert.

«Lu Chen ist jemand, mit dem man sich nicht trifft. Ich kann Sie unmöglich zu ihm führen.»

«Ich dachte, Ihnen sei nichts verboten.»

«Doch. Es ist strengstens verboten, gegen Lu Chens Willen zu verstoßen. Hinzu kommt, dass die Hälfte aller Teeplantagen in China ihm gehört.»

«Wem gehört die andere Hälfte?»

«Dem Kaiser.»

Wang ließ sich im Schneidersitz auf einer Matte nieder und lud den Engländer ein, es ihm gleichzutun. Dann fügte er hinzu:

«Sprechen wir nicht mehr darüber.»

Er klatschte in die Hände, und unverzüglich brachte ein Diener ein Tablett herbei, auf dem ein Teekessel und sieben Porzellanschalen mit verschiedenen Motiven standen. Für sich selbst wählte Wang eine Tasse aus, auf die eine Mohnblume gemalt war, dem Engländer dachte er eine mit dem Motiv einer nackten Frau zu. Er füllte die Schale mit Tee und reichte sie ihm wortlos. Charles Stowe trank langsam, wobei er gleichzeitig die nackte Frau und den Mann betrachtete, dessen Macht ihm plötzlich bedeutungslos vorkam.

«Welchen Dienst verlangt Lu Chen von Ihnen als Gegenleistung für diesen Tee, Wang?»

Die Frage ging nieder wie ein Fallbeil. Und die Antwort ebenfalls.

«Das geht Sie nichts an.»

«Selbst wenn es sich um etwas Verbotenes handelt?»

Der Blick des Chinesen glühte auf. In seinen Augen funkelte Hass.

«Sie sollten lieber nach Shanghai zurückkehren. Bestimmt wartet Pearle dort auf Sie.»

Dann erhob er sich und verließ das Zimmer, ohne ein wütendes Wort oder eine wütende Geste. Lange saß Charles Stowe da, regungslos, aber ohne das geringste Bedauern.

Anschließend betrachtete er ausgiebig die nackte Frau auf der Porzellanschale, trank langsam den noch heißen Tee und begriff, dass er sich soeben einen Feind geschaffen hatte.

WANG ERSCHIEN nicht zum Abendessen. Er blieb genauso unsichtbar wie Lu Chen, den niemand je gesehen hatte.

Charles Stowe schlief schlecht in jener Nacht. Lange lag er auf seinem Bett, schaute in den Sternenhimmel hinaus und wusste genau, dass er ihn aus diesem Winkel zum letzten Mal sah.

Als er endlich eingeschlafen war, trübte ein Traum seinen Schlaf: ein Traum, in dem er auf einer Dschunke schaukelte, in Begleitung geisterhafter Opiumraucher und eines Mannes ohne Gesicht.

CHARLES STOWE hörte auf die Stimme der Vernunft und kehrte nach Shanghai zurück. Nach zwanzig Tagen auf dem Grünen Fluss erreichte er endlich sein Ziel.

Gleich nach seiner Ankunft stieß er in einem Café auf Pearle. Der Ire war dabei, einem englischen Händler namens Thomas Harrison dreißig Kisten Tee zu verkaufen. Harrison hatte bereits die Hälfte der übrigen Händler von Shanghai in den Ruin getrieben. Und auch jetzt verkündete er, dass er Pearle erst bei der nächsten Transaktion bezahlen würde. Nach einstündigem Hin und Her einigten sie sich auf eine Lieferfrist und auf einen anständigen Preis, der jedoch weit unter dem Marktwert lag.

Als das Geschäft abgeschlossen und Harrison wieder verschwunden war, wandte sich Pearle an seinen Freund.

«Ich dachte schon, ich würde diesen Kerl nie wieder loswerden.»

«Du bist doch gut dabei weggekommen», sagte Stowe.

«Das glaubst du! Harrison ist ein Gauner der schlimmsten Sorte. Er wird mich nicht mit Geld bezahlen, sondern den Tee gegen eine andere Ware tauschen.»

«Wieso hast du dich dann auf diesen Handel eingelassen?»

«Sagen wir, weil ich keine andere Wahl hatte.»

Pearle legte einige Teeblätter in seine hohle Hand und ließ seinen Partner daran riechen.

«Und, ist der Duft des Tees aus Hwuy-Chow nach deinem Geschmack?»

Charles Stowe zog es vor, diesmal über etwas anderes zu sprechen als über Tee, beispielsweise über die tätowierte Mohnblume auf der Schulter einer bestimmten Frau …

«… Ich habe erfahren, dass diese Frau Loan heißt. Und dass sie eine Tätowierung auf der Schulter trägt.»

Pearle hob den Kopf.

«Warst du bei ihr?»

«Ja.»

Der Engländer blickte Pearle lange an, bevor er zu ihm sagte:

«Wir sind jetzt Partner.»

«In gewisser Weise. Du arbeitest für mich, und ich überweise dir Prozente. Mehr brauchst du nicht zu wissen.»

«Es ist mehr als das. Vergiss nicht, dass wir einen Pakt geschlossen haben. Einen Blutspakt!»

Stowe ließ das Gewicht seiner Worte auf Pearles Gewissen wirken.

«Sehr gut! Was willst du?»

«Ich möchte in verschiedene Dinge eingeweiht werden.»

«Ich höre», sagte der Ire und goss sich ein Glas Whisky ein.

Charles Stowe holte tief Luft:

«Ich möchte wissen, wer diese Frau ist und welche Beziehung zwischen ihr und deinem Geschäft sowie dem von Wang besteht. Ich möchte wissen, wer sich hinter Lu Chen verbirgt, vor dem alle sich fürchten und der unerreichbar ist. Schließlich möchte ich wissen, wer du, Pearle, wirklich bist und womit du all diesen Tee bezahlst.»

Charles Stowe lächelte nicht mehr. Seine Hand umklammerte krampfhaft das Whiskyglas. Sein Körper war steif und seine Stimme erstaunlich kühl. Pearle sah ihm tief in die Augen und erwiderte dann:

«In gewisser Weise möchtest du also wissen, wie man sich Probleme aufhalst.»

AN JENEM Abend erzählte Pearle ihm in diesem schäbigen Café, bei Whisky und Zigarren, sein Leben.

Er war Lu Chen nie begegnet und arbeitete ausschließlich mit Wang zusammen. Loan kannte er kaum, und von ihrer Tätowierung wusste er nichts. Außerdem behauptete er, ihm sei nichts bekannt von den Männern, die für Lu Chen arbeiten. Nichts von dem Schwarzhandel, den Wang und Lu Chen betrieben und an dem er sich jedenfalls nie beteiligen würde. Er fügte noch hinzu, dass er lieber hier und jetzt sterben wollte, als seine Freundschaft zu verlieren.

Anschließend bemerkte er, dass alle Iren gutherzig seien, aber lügen würden, dass sich die Balken biegen, und dass nur die Trunkenheit sie vom Lügen abhalten und ihnen die Kraft geben könne, das zu gestehen, was auf ihrem Gewissen laste.

Charles Stowe bestellte eine zweite Flasche Whisky. Es war noch nicht einmal Mitternacht, und sie waren nicht in Eile. Er hatte Geduld, und wenn es sein musste, würde er bis zum Morgengrauen warten, um zu erfahren, was er unbedingt wissen wollte. Er füllte das Glas des Iren und sah zu, wie dieser sich betrank.

Als auch die zweite Flasche vollständig geleert war und sich bei Pearle endlich die ersten Anzeichen eines Rauschs zeigten, rückte Charles dicht an seinen Partner heran und flüsterte ihm zu:

«Diesmal wirst du mir die Wahrheit sagen.»

DARAUFHIN vertraute Pearle ihm an, dass er Loan drei Jahre zuvor begegnet war und über sie Wang kennen gelernt hatte, ohne den sein Teehandel niemals erfolgreich hätte werden können. Fernerhin erzählte er, dass der außerordentlich kostbare und begehrte Tee zwar über Wangs Fabrik geliefert würde, dass er ihn jedoch direkt von Lu Chen kaufte – gegen Opium.

Zudem verriet er, dass er sich über Harrison so viel Opium beschaffen könne, wie er wolle, und dass nicht zuletzt auch die britischen Behörden an diesem Geschäft beteiligt seien.

«Aber warum wird dann um diesen Tausch von Tee und Opium ein solches Geheimnis gemacht?», fragte Charles Stowe.

«Die chinesische Regierung hat den Kauf und Verkauf von Opium verboten. Wer damit Handel treibt, muss mit der Todesstrafe rechnen.»

«Deswegen brauchtest du mich also? Um an deiner Stelle die Risiken zu übernehmen?»

«Ich zahle dir einen guten Preis dafür, dass du mir diesen Tee besorgst. Mit dem Opium hast du nichts zu tun. Du belieferst Lu Chen nicht. Du gehst nicht das geringste Risiko ein. Worüber beschwerst du dich also?»

Pearle wollte von dem Blutspakt sprechen, der die beiden miteinander verband, doch das war nicht nötig. Charles Stowe wusste ganz genau, dass nach all diesen Geständnissen keine Flucht mehr möglich war.

«Wann erwartet Lu Chen die Ware?»

«Jeden Monat fährt ein Schiff den Grünen Fluss hinauf. Wieso fragst du? Willst du an dieser Reise teilnehmen?»

«Warum nicht?»

Pearle begann zu lachen.

«Eine verbotene Ware auf einem gefährlichen Fluss begleiten und sein Leben aufs Spiel setzen, um einen Mann zu treffen, der dich töten wird, sobald er dich sieht – du bist wirklich unverbesserlich.»

«Ich werde ihm zuvorkommen und ihn töten.»

«Nicht einmal den chinesischen Behörden ist es jemals gelungen, ihn zu überraschen. Wie viele Männer sind einen Kopf kürzer von dort zurückgekehrt! Willst du deinen Kopf ebenfalls verlieren?»

«Ich habe ihn bereits verloren. Ich will diese Frau.»

Charles erhob sich von seinem Stuhl und schickte sich an, das Café zu verlassen. Doch im letzten Moment hielt ihn etwas zurück. Mit beiden Händen klammerte er sich an den Stuhlrücken und starrte den Iren an, als versuche er verzweifelt, in dessen Seelentiefen einzudringen.

«Eine letzte Frage: Wie lautet der richtige Name?»

«Wessen Name?»

«Loans Name. Wang sagte mir, sie habe noch einen anderen Namen.»

Pearle runzelte die Stirn.

«Ich habe ihn vergessen.»

Charles Stowe beschloss, nicht zu insistieren.

«Sag mir Bescheid, wenn er dir wieder einfällt.»

Er verabschiedete sich von Pearle und verließ das Café. Als er die Tür schließen und in die Shanghaier Nacht hinaustreten wollte, vernahm er hinter sich die Stimme des Iren – eine vom übermäßigen Alkohol- und Tabakkonsum kehlig gewordene, gleichwohl wahrhaftig klingende Stimme.

«Ich glaube, sie nannte sich Opium!»

II

IM DARAUF folgenden Winter kehrte Charles Stowe allein nach Hwuy-Chow zurück.

Als das Schiff anlegte, hörte er Musik. Er ging an Land und sah einen bunten Drachen, der sich am Kai auf und ab bewegte. Wang war ebenfalls da, und seine grüne Tunika flatterte im Wind.

«Ich habe auf Sie gewartet, Mister Stowe.»

Als er den verwunderten Blick des Engländers gewahrte, erklärte der Chinese:

«Man feiert das chinesische Neujahr. Deshalb zieht dieser Drache durch die Stadt.»

Ohne eine Reaktion Stowes abzuwarten, schlug er den Heimweg ein.

Kurze Zeit später verkündete Wang auf der blühenden Terrasse seines Anwesens:

«Heute kann ich Sie nicht in die Fabrik begleiten. Wegen der Feierlichkeiten.»

«Ich verstehe.»

«Sie werden auch alleine problemlos zurechtkommen.»

Der Ton war kühl und ließ keine Widerrede zu.

«Da haben Sie zweifellos Recht.»

Genau das beabsichtigte er übrigens, mit der

größten Selbstsicherheit: allein zu reisen und zu arbeiten.

«Ich stelle Ihnen meine Männer zur Verfügung», sagte Wang. «Wählen Sie sämtliche Tees aus, die Sie wünschen. Und gute Rückfahrt nach Shanghai.»

Charles Stowe bedankte sich und zog sich zu einer kurzen Ruhepause zurück.

In der Ferne vernahm er den Lärm des Festes und entschied, nicht daran teilzunehmen.

AM NÄCHSTEN Morgen machte er sich auf den Weg in die Fabrik. Er arbeitete mit Leidenschaft und schweigend, suchte die Blätter nach ihrem Geruch aus, wie ein Spezialist, der Düfte für ein Parfüm auswählt. Es war, als würde er einen Strauß wohlriechender Blumen für die Frau zusammenstellen, auf die er seit Jahren wartete. Etwas Magisches, Sinnliches und Verwirrendes.

Als er nach Hwuy-Chow zurückkehrte, besaß er genügend grünen und schwarzen Tee, um Pearles Bestellungen bis zur nächsten Saison nachzukommen.

Er beschloss, einen Umweg über die Hauptstraße zu machen. Problemlos fand er zu dem großen Haus mit den grünen Fensterläden, in dem er Loan zum ersten Mal aufgesucht hatte. Es war abgeschlossen. Er klopfte an die Tür. Mehrmals. Niemand kam, um ihm zu öffnen. Als er sich vom Haus entfernte, überkam ihn das seltsame Gefühl, dass hier nie jemand gewohnt hatte.

Charles Stowe kehrte zurück zu Wang, der ihm eine Schale grünen Tee anbot und fragte:

«Sind Sie zufrieden?»

«Ja. Aber ich benötige weißen Tee. Und Loan ist nicht mehr unter ihrer alten Adresse anzutreffen.»

Sogleich verschloss sich Wangs Gesicht:

«Ich glaube, sie ist zu Lu Chen gegangen. Und weißen Tee kann man nicht kaufen.»

«Opium ist ebenfalls verboten. Trotzdem habe ich den Eindruck, als fiele es Ihnen leicht, sich welches zu besorgen.»

Wang gab sich so unbeeindruckt wie möglich, doch es war ihm deutlich anzumerken, dass der Pfeil genau ins Ziel getroffen hatte.

«Worauf wollen Sie hinaus, Mister Stowe?»

«Auf die Wahrheit.»

Ergänzend fügte er hinzu:

«Ich weiß mittlerweile alles. Und in einigen Wochen werde ich Lu Chen mit Opium beliefern.»

Und nach einer kurzen Pause fuhr er fort:

«Sie haben nichts für sie getan. Sie haben nichts für Opium getan …»

Der Chinese lachte kurz auf, was Stowe ein wenig beunruhigte. Er fixierte den Engländer mit seinen schwarzen Augen, bevor er in verächtlichem Ton zu ihm sagte:

«Ich glaube nicht, dass ich noch etwas für Sie tun kann. Wenn Sie beschließen, Lu Chen aufzusuchen, sind Sie für immer verloren.»

Langes Schweigen. Dann schlussfolgerte Wang:

«Künftig werden Sie in dieser Stadt nicht mehr unter meinem Schutz stehen. Das Klügste wäre, wenn Sie nach Shanghai zurückkehren und nie wieder einen Fuß in diese Stadt setzen würden. Leben Sie wohl, Mister Stowe.»

CHARLES STOWE ging in den Hafen von Hwuy-Chow, wo Wangs Männer gerade die für Pearle bestimmte Teelieferung verladen hatten. Da das Schiff erst am Abend auslaufen würde, nutzte er die Gelegenheit, um durch die Stadt zu spazieren. Lange irrte er in den Gassen des Geschäftsviertels umher. Und sämtliche Teedüfte, die seine Nase umspielten, verwirrten ihm die Sinne.

«Wo kann ich weißen Tee kaufen?», fragte er einen reichen Händler, dem drei Männer vorangingen, die bemalte Holzkisten trugen.

Als er sah, dass ein Fremder ihn angesprochen hatte, ergriff der Mann die Flucht. Kurz darauf kam Charles Stowe am Laden eines anderen Händlers vorbei. Er trat ein. Trotz langer Diskussionen und des – wenngleich mittlerweile hinfällig gewordenen – Rückhalts durch seine Freundschaft mit Wang weigerte man sich, ihm grünen Tee zu verkaufen, obwohl dieser doch vor seinen Augen lag.

Bevor er sich verabschiedete, fragte er den Geschäftsmann ohne allzu große Hoffnung auf eine Auskunft:

«Wo kann ich mir weißen Tee besorgen?»

Der Mann zögerte und sah den Engländer prüfend an:

«Bei Lu Chen.»

«Wo finde ich Lu Chen?»

«Man sagt, er lebe an den Quellen des Grünen Flusses.»

«Und wo genau befinden sich diese Quellen?»

«Jenseits der Berge.»

Der Mann erklärte ihm, dass er in einer Dschunke den Grünen Fluss hinauffahren müsse bis an jenen schmalen Wasserlauf, der aus einem heiligen Felsen tritt und den Ursprung des majestätischen Flusses markiert.

«Man sagt, Lu Chen würde in der Nähe dieser Quelle leben, mitten im Land des Tees, an einem vom Rest der Welt abgeschnittenen Ort. Doch meines Wissens und im Gegensatz zu dem, was manche behaupten, hat noch nie jemand Lu Chen gesehen.»

«Wie kann das sein?»

«Möglicherweise versteckt er sich so gut, dass er unsichtbar geworden ist.»

Seit Wochen dachte Charles Stowe nur noch an Loan und an Lu Chen. Das, was dieser Händler ihm soeben gesagt hatte, stachelte seine Neugierde noch weiter an.

«Und was könnte der Grund für einen solchen Rückzug sein?»

In entschiedenem Ton setzte der Mann, der sehr

wohl begriffen hatte, worauf dieser Fremde hinauswollte, dem Gespräch ein Ende:

«Das geht Sie überhaupt nichts an. Nur Chinesen ist es erlaubt, dieses Terrain zu betreten.»

ZURÜCK IN Shanghai, verkündete Charles Stowe seinem Freund Pearle:

«Nun ist es entschieden. Ich werde die nächste Opiumlieferung an Lu Chen begleiten.»

«Wie du willst. Aber was ist, wenn du nicht zurückkommst?»

«Dann wird es dir nicht schwer fallen, mich zu vergessen.»

Nach diesen Worten ließ er den Iren allein zurück.

Seinen Anteil des Tees, den er aus Hwuy-Chow mitgebracht hatte, verkaufte er weiter an einen Franzosen, der nach Paris reiste. Er hieß Masson und besaß ein elegantes Geschäft in der Nähe der Place de la Madeleine, wo er seinen wohlhabenden Kunden die exotischsten und originellsten Produkte aus Fernost feilbot. Als er Stowes Ware entdeckte, zahlte er ihm dafür ein kleines Vermögen, in der Gewissheit freilich, sie noch teurer weiterverkaufen zu können.

«Und wo kommt dieser grüne Tee her?», erkundigte sich Masson.

Charles Stowe starrte ihm in die Augen und erwiderte:

«Von einem heiligen Ort.»

DREI WOCHEN später bereitete sich Charles Stowe auf seine letzte Reise ins Land des Tees vor: zu den Quellen des Grünen Flusses. Mitten ins Herz von Lu Chens Reich. An eine Stelle, die nie zuvor ein Fremder erreicht hatte.

«Und was wollen Sie dort, im Herzen Chinas?», fragte man ihn in der britischen Gesellschaft von Shanghai.

Stowe antwortete mit unbeteiligter Miene und vorgetäuschter Ironie:

«Bloß eine Ladung Opium begleiten!»

OPIUM VERHEISST den Genuss großer sinnlicher, oft verbotener Freuden. Und wie alles, was verboten ist, hatte das Opium in China bald den Charme einer kostbaren Rarität entfaltet.

Im Jahre 1816 entsandte die britische Regierung ihren Botschafter, Lord Amherst, nach Peking, um dort geschäftliche Verbindungen mit China aufzunehmen. Auf die Weigerung des Reiches der Mitte antwortete England mit dem Gegenargument: Opium. Kurz darauf wurde der unter britischer Schutzherrschaft in der indischen Provinz Bengalen angebaute Stoff zum Hauptzahlungsmittel im Teehandel. Trotz des kaiserlichen Erlasses, der die Droge verbot, breitete sie sich in ganz China aus.

Im Jahre 1839 wurde so viel Opium importiert, dass das Reich der Mitte beschloss, alle Beziehungen zu England abzubrechen.

Der Kaiser beauftragte einen Mann namens Lin mit der Vernichtung sämtlicher Opiumlieferungen aus Indien. Kommissar Lin ging sogar so weit, dass er alle britischen Schiffe strengstens kontrollierte. Sehr schnell kam es zum bewaffneten Konflikt.

Noch in demselben Jahr wurde die Stadt Kanton

von der englischen Flotte bombardiert. So begann zwischen England und China das, was man den Ersten Opiumkrieg nannte.

In Wahrheit wusste Charles Stowe über das alles bestens Bescheid. Und er wusste auch, dass ihm, wenn er erwischt würde, ein Todesurteil sicher war. Er hatte nicht die geringste Lust zu sterben. Doch die bloße Vorstellung, Loan wiederzusehen, ließ ihn jede Gefahr vergessen.

EINES MORGENS im Frühjahr 1840 verließ Charles Stowe Shanghai an Bord einer mit Opium beladenen Dschunke. Tagelang reiste er über den Grünen Fluss und kam den verbotenen Quellen langsam näher.

Als er Hwuy-Chow hinter sich ließ, wurde dem Engländer bewusst, dass er diesmal ans Ende der Reise gelangen würde.

«Von nun an ist äußerste Vorsicht geboten», sagte der Fährmann. «Bislang hat noch kein Fremder diese Gegend betreten, außer ein paar Missionaren, von denen einige nie zurückgekehrt sind. Aber noch kann ich Sie hier absetzen.»

Charles Stowe drehte sich zu ihm um und musterte ihn:

«Unmöglich.»

«Wieso?»

Der Engländer sah den Fährmann an und wartete eine Weile, bevor er schließlich erwiderte:

«Weil ich die Teestraße finden muss.»

NACH HWUY-CHOW fuhren sie nur noch an kleinen Dörfern vorbei, die inmitten von Reisfeldern gelegen waren. Manchmal gingen sie an Land, um sich dort mit neuem Proviant einzudecken. Nachts legten sie sich fern von bewohnten Orten vor Anker und zogen bereits vor Sonnenaufgang weiter, um unerwünschte Besuche von Bauern, Händlern, Plünderern und Soldaten zu vermeiden.

Eines Tages hielten sie in der Nähe eines Klosters an, denn nach den Worten des Fährmanns befand sich dort eine der schönsten Weißteeplantagen Chinas.

Erschöpft, aber glücklich traten die beiden Männer vor das Gebäude. Sie klopften an das Tor. Ein Mönch öffnete ihnen. Der Fährmann begann mit ihm in einer Sprache zu reden, die Stowe nicht kannte, woraufhin der Mönch lächelte, zur Seite trat und sie eintreten ließ. Und das Schauspiel, das sich dem Engländer dann bot, brachte ihn der Verzückung nahe. Vor seinen Augen breitete sich ein Teppich aus weißen Blüten aus, der seit ewigen Zeiten auf sein Kommen gewartet zu haben schien.

Charles Stowe bot sich an, hundert Sträucher zu kaufen. Der Klosterbruder war einverstanden, unter der Bedingung, dass er mit Gold bezahlt würde. Verblüfft sah der Engländer ihn an.

«Unmöglich. Ich besitze nur Opium.»

Diesmal schien der Mönch überrascht zu sein.

«Weißer Tee wird mit Gold bezahlt.»

«Das mag schon sein. Aber ich besitze keins.»

«Dann tut es mir Leid.»

Nach langem Hin und Her überließ der Mönch ihm schließlich gegen ein paar Dutzend Lei einen einzelnen weißen Teestrauch.

«Zumindest wird dies, sofern ich mein Abenteuer lebend überstehe, der Beweis sein», sagte Stowe, als er den kostbaren Strauch entgegennahm.

IN DER Morgendämmerung des darauf folgenden Tages näherte sich die Dschunke den geheimen Quellen. Am Horizont zeichneten sich die ersten Gipfel der Berge des Teelandes ab.

Einige Stunden lang machten sie Halt in einem Dorf.

«Hier können wir uns Lebensmittel besorgen, ohne Aufmerksamkeit zu erregen», sagte der Fährmann. «Es gibt keine Plünderer. Und noch weniger Soldaten.»

Bevor sie ihre Reise fortsetzten, stillten sie in der einzigen Herberge des Orts ihren Durst und versuchten, dabei so unauffällig wie möglich aufzutreten. Wenn jemand das Wort an sie richtete, antwortete ausschließlich der Fährmann, während Charles Stowe sich damit begnügte, zu lächeln und als Zeichen des Respekts den Kopf zu senken.

Auf dem Dorfplatz, nur wenige Schritte entfernt, wurden einige Kriminelle an den Pranger gestellt. Man hatte ihnen die Unterlippe abgeschnitten.

«Was haben diese Männer getan, um eine solche Strafe zu verdienen?», fragte Charles Stowe.

«Es handelt sich um Opiumraucher», erklärte der

Fährmann. «Man schneidet ihnen die Lippe ab, damit sie sich nie wieder diesem Laster hingeben können.»

NOCH DREI Tage fuhren sie weiter, unendlich langsam, weil der Fluss so schmal und so flach geworden war, dass man ständig auf Untiefen zu stoßen und im Schlamm stecken zu bleiben drohte. Manchmal gab es so wenig Wasser, dass sie an Land gehen und die Dschunke mit einem langen Tau hinter sich herziehen mussten. Die Besatzung war erschöpft und vom Regen durchnässt. Abends trockneten sich die Männer an einem Feuer, um nicht vor Kälte zu sterben. Beim Aufwärmen verströmte ihre Haut den Duft von Moos und wilden Beeren.

In diesem Moment wandte sich der Fährmann an Charles Stowe:

«Ich begreife nicht, warum Sie solche Umstände erdulden und solche Risiken auf sich nehmen. Wieso wollen Sie unbedingt dorthin? Wegen einiger Sträucher weißen Tees?»

Der Engländer konnte seine wahren Absichten nicht preisgeben, konnte nicht erklären, dass einige Dutzend Sträucher genügen würden, um Englands Unabhängigkeit von China auf dem Teemarkt zu sichern, und dass er die Frau mit den grünen Augen wiedersehen wollte. Stattdessen gab er zur Antwort:

«Ja. Wegen des weißen Tees. Und wenn alle Menschen nach Erklärungen für ihre verrückten Handlungen suchen würden, gäbe es längst keine Abenteurer mehr.»

ENDLICH ERREICHTEN sie eines Morgens ein fruchtbares Tal, das von hohen, mit Teefeldern bedeckten Bergen umgeben war. Der Grüne Fluss glich hier nur noch einem schmalen, ruhigen und stillen Wasserlauf. Die Dschunke konnte nicht weiterfahren.

«So», bemerkte der Fährmann, «hier ist das Ende des Wegs.»

«Hier?», fragte Stowe. «Aber ich sehe niemanden.»

«Genau an dieser Stelle liefere ich das Opium ab. Lu Chens Lager befindet sich ganz in der Nähe, in diesem Wald. Ab hier geht es nur zu Fuß weiter.»

«Und wo entlang? Ich kann nirgendwo einen Weg entdecken. Ich sehe nur Bäume.»

Der Fährmann lächelte.

«Sie müssen natürlich durch den Fluss waten.»

In aller Ruhe holte Charles Stowe seinen kostbaren Strauch mit den weißen Blüten hervor und stieg in das kristallklare und eisig kalte Wasser.

«Ich werde Lu Chen finden.»

«Wenn Sie bis morgen Abend nicht zurück sind, kann ich nichts mehr für Sie tun», sagte der Fährmann.

Der Engländer bedeutete ihm, dass er sich keine Sorgen machen müsse. Dann ging er los. Eine gute halbe Stunde marschierte er dahin. Er sehnte sich so sehr danach, Lu Chen zu begegnen, dass er das eiskalte Wasser gar nicht wahrnahm. An seinem Gürtel war ein Krummdolch befestigt. Und es kam ihm vor, als schützten ihn diese Waffe, so unerheblich sie auch war, und der zierliche Strauch vor allen Gefahren.

Als das erwähnte Lager vor ihm auftauchte, glaubte Charles Stowe sich am Ziel. Nun würde er endlich erfahren, wer dieser Lu Chen war.

CHARLES STOWE stieg aus dem Flussbett und beschloss, geradeheraus auf das Lager zuzugehen.

Sogleich tauchte ein Mann auf und kam ihm entgegen. Es handelte sich um einen Mongolen mit dem liebenswürdigen Gesicht eines Geiers. Er war mit einem Gewehr bewaffnet und wartete, dass der Fremde näher kam. Dann brachte er das Gewehr in Anschlag und fragte:

«Wer sind Sie, und was suchen Sie hier?»

Stowe antwortete auf Chinesisch, mit leichtem Akzent:

«Ich möchte zu Lu Chen. Ich bin gekommen, um ihm Opium zu liefern.»

Der Mann ließ sein Gewehr sinken, blickte ihn lange an und deutete auf ein Zelt, das größer war als alle anderen.

«Das ist Lu Chens Zelt.»

Stowe bedankte sich mit einem Kopfnicken, trat näher und ging hinein. Im Zeltinneren lagen tätowierte Männer auf Matten und rauchten lange Pfeifen aus Holz. Sie hatten ausgezehrte Gesichter und waren auffällig mager. In ihren Augen konnte man lesen, wie arg das Opium ihre Seele bereits geplündert hatte. Und dennoch lagen sie da, friedlich und still, als würde die Wirklichkeit sie nichts angehen.

Lange und mit dem Gefühl, vor Leichen zu stehen, beobachtete der Engländer sie.

«Guten Abend, Mister Stowe», sagte eine ernste und sonderbare Stimme. «Ich glaube, Sie suchen nach mir.»

AM ANDEREN ENDE des Zeltes bemerkte Stowe einen Stoffvorhang, hinter dem sich eine Silhouette abzeichnete. Daneben eine Laterne, in der eine goldene Flamme züngelte. Es war seltsam, so als würde er in einem imaginären Museum ein sich bewegendes Bild betrachten. Ein Schatten, ein Licht. Das Bild Lu Chens.

Der Meister des Tees saß vor seinen Augen. Doch er konnte sein Gesicht nicht erkennen.

«Ich bin glücklich, Ihnen endlich zu begegnen.»

«Das Vergnügen liegt ganz auf meiner Seite, Mister Stowe. Nehmen Sie Platz.»

Die Stimme schien aus dem Jenseits zu kommen, war zu ernst und zu tief, um natürlich zu klingen.

Schritt für Schritt näherte sich der Engländer dem Vorhang, bis er ihn berühren konnte. Als ihn nur noch wenige Zentimeter vom Gesicht Lu Chens trennten, drückten zwei Opiumraucher die Klingen ihrer Dolche gegen den Hals des Fremden. Lu Chens Stimme sagte:

«Berühren Sie nicht diesen Vorhang! Sollten Sie versuchen, mir in die Augen zu blicken, werden Sie diesen Ort nicht lebendig verlassen.»

Charles Stowe gehorchte, ließ sich im Schneidersitz vor dem Schatten nieder und wartete.

«Warum sind Sie hergekommen? Um mich zu töten, nicht wahr?»

Charles Stowe fröstelte. Dann fasste er sich wieder.

«Ich bin gekommen, um Ihnen Opium zu liefern. Mehr nicht.»

Lu Chen blieb reglos und stumm. Doch dann sagte er mit fester Stimme:

«Sie lügen!»

Stowe zuckte zusammen.

«Ich weiß, dass Sie ihretwegen gekommen sind. Ich weiß, dass Sie wegen Loan gekommen sind. Und dass Sie die Absicht haben, mich zu töten.»

Der Engländer wusste nicht, wie er darauf antworten sollte. Dieser Mann brachte ihn aus der Fassung. Er begriff plötzlich, dass er Lu Chen niemals töten und sein eigenes Leben zweifellos hier zu Ende gehen würde.

«Das stimmt. Ich begehre diese Frau. Wo ist sie?»

Lu Chen lachte kehlig.

«Sie ist hier, aber sie gehört mir.»

«Sie gehört Ihnen nur in dem Maße, wie Sie sie als Ihre Sklavin behandeln. Wenn sie könnte, würde Loan Sie verlassen.»

«Sie amüsieren mich, Mister Stowe. Es fehlt Ihnen gewiss nicht an Mut, um mich auf diese verächtliche

Weise herauszufordern. Vielen anderen wurde für weniger als das der Kopf abgeschlagen.»

«Wenn ich schon sterben muss, so möchte ich wenigstens meine Würde dabei wahren.»

Es folgte ein langes Schweigen.

«Ich werde Sie nicht töten, sondern Ihnen vielmehr ein kleines Spiel vorschlagen. Sie begehren Loan? Sehr gut. Ich überlasse sie Ihnen … für eine genau festgelegte Zeit.»

«Wie lange?»

«Sieben Tage und sieben Nächte. Das ist die Zeit, die ich brauche, um eine Reise in den Norden zu unternehmen und wieder zurückzukehren …»

Und es klang wie ein Urteilsspruch, als er hinzufügte:

«Anschließend komme ich erneut hierher ins Lager. Und wenn Sie dann immer noch da sind, töte ich Sie!»

Stowe wurde von einem Schauer ergriffen.

«Warum tun Sie das?»

Geschickt wich der Chinese aus:

«Mister Stowe, haben Sie schon einmal Opium probiert?»

«Nein.»

«Es ist nie zu spät, um den Geschmack gewisser Dinge zu entdecken. Und Sie werden sehen, wie schwer es ist, anschließend darauf zu verzichten.»

Lu Chen klatschte in die Hände, und ein Mann

brachte eine mit Opium gefüllte Pfeife herbei. Der Engländer hob sie an seine Lippen, inhalierte den ersten Zug und schloss die Augen. Ein letztes Mal erklang Lu Chens Stimme hinter dem Vorhang:

«Gute Reise, Mister Stowe.»

Es war wie die Erlösung nach einem unendlichen Warten. An jenem Abend saß Charles Stowe noch lange rauchend vor diesem Schatten, diesem Mann, den er viele Wochen über gesucht hatte und nie zu Gesicht bekommen würde.

Unter der Wirkung des Opiums schlief er schließlich ein, besänftigt und mit einem Wohlgefühl, das er nie zuvor kennen gelernt hatte.

GEGEN MITTAG des nächsten Tages wurde Charles Stowe wach. Er befand sich nach wie vor in dem Zelt, doch Lu Chen und seine Männer waren nicht mehr da.

Als er die Augen öffnete, saß eine Frau neben ihm. Die Chinesin. Sie hatte grüne Augen und langes schwarzes Haar. Und sie rauchte Opium.

«Wer sind Sie?», fragte er.

«Erinnern Sie sich nicht mehr an mich?»

Charles Stowe richtete sich auf seiner Liege auf:

«Opium!»

Die Frau begann zu lachen. Sie hatte eine weiße Mohnblume auf die Schulter tätowiert.

«Ich möchte, dass Sie mich Loan nennen.»

ER WAR GLÜCKLICH, diesem Gesicht und dieser weißen Mohnblume, die ihm seit dem ersten Treffen nicht mehr aus dem Sinn gegangen waren, wiederbegegnet zu sein. Doch eines musste er unbedingt wissen:

«Lu Chen ist doch abgereist, nicht wahr?»

Loan zögerte, bevor sie antwortete. Sie legte eine Hand auf seine Stirn und ließ ihre Finger über seine Wange gleiten.

«Ja. Er ist abgereist, um das Opium abzuliefern, das Sie hergebracht haben. Sieben Tage lang können Sie hier bleiben. Nicht einen Tag länger, wie er gesagt hat. Vergessen Sie nicht, dass Lu Chen Sie tötet, wenn er Sie bei seiner Rückkehr hier noch antrifft.»

Er wollte etwas erwidern, doch sie bedeutete ihm zu schweigen.

Dann legte sie sich neben ihn und berührte mit ihren Lippen seinen Mund.

SIEBEN TAGE und sieben Nächte lang durfte der Engländer Opium rauchen und mit dieser Frau schlafen. Das Opium vermittelte ihm ein Gefühl völliger Freiheit und verwirrender Sinnlichkeit und ließ ihn, wie im Traum, durch ein verbotenes Paradies reisen. Es war ein seltsames und neues Gefühl für Charles, mitzuerleben, wie die uneingestandensten Bilder seiner Phantasie unverhüllt zutage traten.

Loan folgte stets demselben Ritual. Sie hatte ein Tablett, auf dem eine lange Pfeife, eine Öllampe, eine große Nadel und ein mit Paste gefülltes Kästchen lagen. Sie zündete die Lampe an, nahm ein wenig Opium aus der kleinen Kiste, erhitzte es über der Flamme und wartete, bis es eine schöne goldene Farbe angenommen hatte, bevor sie es in die Pfeife stopfte und zu rauchen begann. Anschließend reichte sie dem Engländer die Pfeife und beobachtete ihn schweigend beim Rauchen. In der übrigen Zeit gaben sie sich ganz ihrer sinnlichen Begierde hin.

AM MORGEN des zweiten Tages erwachte Charles Stowe noch ein wenig benommen und dachte plötzlich an den Fährmann. Er kleidete sich an und eilte hinunter zum Fluss. Er begab sich an die Stelle, wo er seinen Begleiter zurückgelassen hatte, und stellte fest, dass die Dschunke ohne ihn abgefahren war. Eine ganze Weile stand er reglos da, überlegte und ging dann ins Lager zurück.

Im Zelt erwartete ihn Loan.

An jenem Tag tätowierte sie eine Mohnblume auf seinen Rücken, genau an die Stelle, wo eine kleine Narbe seinen Körper zierte. Eine Blume, deren feine Kontur er auf der Haut spürte.

«Was bedeutet diese Tätowierung?»

Er zeichnete eine Form auf die Erde, die er zuvor, spiegelverkehrt, im Widerschein des Flusses entdeckt hatte.

Vor Überraschung verschlug es Loan die Sprache. Schließlich gestand sie fast ein wenig widerwillig:

«Das kann ich Ihnen nicht sagen.»

«Wieso? Weil ich von nun an Lu Chen gehöre?»

Schweigend blickte sie ihn an, mit einer Eindringlichkeit, die er bislang nicht von ihr gewohnt war.

Dann legte sie ihren Kopf mit einer Geste großer Zärtlichkeit auf seine Schulter.

Eine Berührung, die sich so leicht anfühlte, als würde der Flügelschlag eines Schmetterlings ihn streifen.

«OPIUM! LOAN!»

Charles Stowe lag auf seinem Kanapee und rief immer wieder nach der jungen Frau. Vom Delirium geplagt, hielt er die lange Opiumpfeife, die von nun an seine ständige Begleiterin war, in der Hand.

Sodann näherte sich Loan und schmiegte sich an ihn.

Draußen senkte sich die Nacht langsam auf das Lager und den umliegenden Wald. Loans Haut roch nach Regen, ihr Haar duftete nach Vanille, ihre Vagina nach einer reifen Frucht, und ihre Zunge schmeckte nach Opium.

«Hat Lu Chen Ihnen das Rauchen beigebracht?»

Loan antwortete nicht. Sie warf ihm einen seltsamen Blick zu und reichte ihm eine Pfeife.

Stowe richtete sich auf, setzte sich im Schneidersitz hin und begann genussvoll zu rauchen, wobei er die junge Frau ständig im Auge behielt. Loan lehnte den Kopf an seine Schulter und nahm seine Hand. Ihre grünen Augen starrten ihn an. Sanft strich er mit den Fingern durch ihr Haar und sagte:

«Ich werde Sie nie verlassen. Niemals.»

Er spürte den sanften Druck von Loans Hand in

der seinen, ein Druck, der ihm wie ein plötzlicher Ausbruch von Hoffnung vorkam und sogleich wieder nachließ. Dann setzte eine sehr lange Stille ein.

Schließlich sagte Loan:

«Sie werden mich verlassen. Auch Sie werden wieder fortgehen.»

AM VIERTEN TAG badeten sie nackt in der Flussströmung. Anschließend legten sie sich am Ufer in die Sonne.

Tags darauf unternahmen sie eine Wanderung in den Wald. Sie spazierten an einer Felswand entlang, und Loan zeigte ihm einen mythischen Ort.

«Hier, genau hier liegt der eigentliche Ursprung des Grünen Flusses. In dieser Grotte. Das Wasser, das bei der Schneeschmelze entsteht, stürzt über diese Kaskade den Berg hinunter und sammelt sich in diesem natürlichen Becken, das zusätzlich vom Regen gespeist wird.»

Stowe wollte sich durch die Felsspalte zwängen, was Loan ihm jedoch verbot:

«Auch hier versteckt Lu Chen seine Opiumlieferungen. Niemand darf diesen Ort betreten.»

In diesem Moment traten zwei bewaffnete Männer aus dem Gebüsch und gingen auf sie zu. Als sie Loan bemerkten, zogen sie sich geräuschlos in ihr Versteck zurück.

«Das ist also der Grund, weshalb die Quellen kaum zugänglich sind», sagte der Engländer.

«Und diese Männer sind nicht die einzigen Wächter dieser Grotte. Es gibt noch viel furchteinflößendere!»

«Tatsächlich? Wer sind diese Männer?»

Loan blieb keine Zeit zu antworten. Im selben Augenblick stob ein Schwarm Fledermäuse vor ihnen auf und verdunkelte den Himmel.

DER SECHSTE TAG begann mit Regen, sodass sie es vorzogen, im Schutz des Zeltes zu bleiben. An diesem Abend verleitete der Opiumgenuss Charles zu einem nie gekannten Wagemut. Er hörte sich selbst zu Loan sagen: «Ich möchte mit Lu Chen reden.»

«Sie hängen also immer noch diesem Irrsinn nach? Warum wollen Sie unbedingt sterben?»

«Ich möchte nicht sterben, sondern einfach nur mit ihm reden. Und ihn sehen.»

«Sobald Sie sein Gesicht erblicken, schlägt man Ihnen den Kopf ab.»

«Wenn ich ihn also weder sehen noch hier bleiben kann, dann könnten Sie vielleicht mit mir zusammen fliehen.»

Mit traurigen Augen sah sie ihn an.

«Nein. Lu Chen würde uns finden, ganz gleich, wo wir sind, und uns dann töten.»

«Demnach gibt es keinen Ausweg?»

«Nein. Sie müssen gehen.»

Sie streichelte zärtlich sein Gesicht und fügte hinzu: «Ich bitte Sie. Verderben Sie uns nicht mit derlei Gedanken die wenige gemeinsame Zeit, die uns noch bleibt.»

AN JENEM siebten Tag zweifelte Charles Stowe nicht mehr daran, dass Lu Chen bald zurückkommen und seine Drohung wahr machen würde, wenn er das Lager nicht vorher verließ. Doch er wollte sich der Herausforderung stellen und blieb.

Gegen Mittag tauchte einer von Lu Chens Männern auf, der zur Erkundung vorausgeschickt worden war. Als er Stowe erblickte, konnte er eine zornige Grimasse nicht unterdrücken.

«Du musst vor Einbruch der Nacht verschwinden. Andernfalls ist es um dich geschehen.»

Loan ging sogar noch weiter:

«Es hat keinen Sinn, Ihr Leben für mein Leben aufs Spiel zu setzen.»

Sie flehte ihn an:

«Ich habe es Ihnen bereits gesagt. Sie können nicht hier bleiben. Er wird uns beide töten, wir können nur verlieren.»

Charles Stowe begriff, dass er gehorchen musste. Bevor er ging, drehte er sich ein letztes Mal zu Loan um.

«Einverstanden, ich gehe … Aber ich werde wiederkommen.»

«Sie werden nicht wiederkommen.»

«Doch, ich verspreche es Ihnen.»

Sie wusste, dass es ihm sehr ernst war, und flüsterte ihm zu:

«Sie sind verrückt. Aber gegen Verrücktheit kann ich nichts tun.»

Bevor er sie verließ, küsste er sie. Dann trat er aus dem Zelt, in der Hand den kleinen Strauch mit den weißen Blüten, den der Mönch ihm verkauft hatte, und lief durch den Regenvorhang hindurch, der vom Himmel fiel.

LANGE WANDERTE er durch das Flussbett, immer darauf bedacht, sich dabei so lautlos wie möglich zu verhalten. Dann, als das Wasser hoch genug war, konnte er schwimmen und kam schneller voran. Er bildete sich ein, dass die Gefahr überall um ihn herum lauerte und er heimlich beobachtet wurde. In diesem Moment hatte er ungleich mehr Angst als an dem Tag, an dem der Fährmann ihn an diesen verlorenen Ort gebracht hatte.

Er war allein, Loan war nicht mehr bei ihm, und er hatte keinen Grund zur Hoffnung mehr.

Bis zum Einbruch der Dunkelheit ließ er sich im Wasser treiben. Und es war, als würde er das Reich der Finsternis betreten.

ALS ER AM nächsten Morgen erwachte, lag er am Ufer. Der Fluss hatte ihn aus seinem Bett in das Bett der Erde getragen. Er erhob sich, beschloss, seinen Weg unverzüglich fortzusetzen, trat erneut in den Fluss und begann zu schwimmen. Kurze Zeit später kam er an einem ersten Fischerdorf vorbei. Er stahl eine Dschunke und wusste, dass er gerettet war.

Mehrere Tage lang schiffte er in völliger Einsamkeit dahin. Nur nachts hielt er an, um zu schlafen. Er legte sich auf die Bootsplanken und betrachtete die Sterne, die der schwache Mondschein am Himmel über China beleuchtete.

EINIGE TAGE später erreichte Charles Stowe die Vororte von Hwuy-Chow. Um seinen Durst zu stillen, wollte er eine Mangofrucht von einem Ast pflücken, der über dem Wasser hing. Seit seiner Abfahrt ernährte er sich ausschließlich von dem, was die Flussvegetation ihm bot. Er lenkte die Dschunke auf den Ast zu und wollte im Vorbeifahren nach der Frucht greifen. Als er die Mango in die Hand nahm, spürte er den Biss der Schlange an der Spitze seines kleinen Fingers nicht. Erst als er das Zischeln des Reptils hörte, begriff er, was geschehen war. Er stieß einen Schrei aus. Einen einzigen.

Er sah noch, wie ein grün blitzender Schimmer vom Ast glitt und in den Fluss fiel, dann wurde er ohnmächtig.

III

ALS ER WACH wurde, war er außer Gefahr. Er lag auf einem Feldbett in der Kabine eines Schiffs, das auf dem Grünen Fluss unterwegs war.

«Nun», sagte der Kommandant MacArthur, «da haben Sie uns aber einen schönen Schrecken eingejagt. Ich dachte schon, Sie würden nie mehr aufwachen.»

«Wo bin ich?»

«In Sicherheit an Bord eines britischen Frachters auf dem Weg nach Shanghai.»

«Was ist passiert?»

«Vor zwei Tagen haben Bauern Sie an Bord einer auf dem Fluss treibenden Dschunke gefunden. Sie waren von einer Schlange gebissen worden. Die Leute haben Sie gepflegt und Sie anschließend ins Militärkrankenhaus nach Hwuy-Chow gebracht. Dort haben wir uns dann um Sie gekümmert.»

Charles Stowe hob den Kopf, um den Kommandanten anzuschauen, und fiel gleich wieder auf sein Lager zurück.

«Hier, das muss ich Ihnen noch zurückgeben. Sie trugen es bei sich wie einen Talisman. Niemand wagte, es Ihnen wegzunehmen.»

Er hielt ihm die weiße Teepflanze hin. Das Einzige, was ihm von dieser seltsamen Reise ins Land des Tees und des Opiums geblieben war. Charles Stowe nahm sie an sich und fragte sich, ob diese Pflanze all das rechtfertigte, was er durchgemacht hatte, bevor er vor lauter Müdigkeit nicht länger darüber nachdenken konnte.

«Schlafen Sie noch ein wenig», empfahl MacArthur. «Bald werden wir in Shanghai ankommen, und Sie werden Ihre sämtlichen Missgeschicke vergessen.»

«Ich werde nichts vergessen.»

Der Kommandant erhob sich.

«Möglicherweise wissen Sie das nicht, aber der Krieg zwischen China und England geht weiter. Das ist der Grund für unsere Anwesenheit auf diesem Fluss. Sie sind an Bord eines Kriegsschiffs.»

MacArthur wollte die Kabine gerade verlassen, als der Engländer mit letzter Kraft murmelte:

«Aber für mich ist er vorbei.»

GLEICH NACH seiner Ankunft in Shanghai wurde Charles Stowe von einem heftigen Fieber erfasst. Als er vor dem Arzt, der eilig herbeigerufen worden war, sein Hemd aufknöpfte, fragte ihn dieser, sichtlich erstaunt über die Tätowierung seines Patienten:

«Was ist das für ein seltsames Zeichen?»

Charles Stowe sah ihn nicht einmal an, als er erwiderte:

«Das ist eine Mohnblume, die eine chinesische Frau mir auf den Rücken tätowiert hat.»

«In Shanghai?»

«Nein. An den Quellen des Grünen Flusses.»

Der Arzt begann zu lachen.

«Machen Sie sich über mich lustig? Was für ein Abenteurer sind Sie eigentlich?»

«Ich bin als einer der Ersten bis ans Ende der Teestraße gelangt, und zweifellos bin ich der letzte Opiumschmuggler.»

Der Arzt warf ihm einen misstrauischen, aber von Neugier erfüllten Blick zu. Während er ihn abhorchte, fragte er weiter:

«Was bedeutet diese Tätowierung?»

«Dass ich jemandem gehöre. Jemandem, dessen Gesicht ich nicht kenne.»

Einen Moment später fügte er hinzu:

«Jemandem, der das Gesicht des Opiums trägt.»

EINIGE TAGE später begab sich Charles Stowe zu Pearle. Der Ire war im Begriff, China zu verlassen. Jetzt, da der Krieg zwischen England und dem alten Reich der Mitte tobte, war kein Handel mehr möglich. Für britische Staatsbürger wurde das Land mit jedem Tag gefährlicher.

Charles Stowe berichtete ihm:

«Ich habe Lu Chen das Opium geliefert. Doch sein Gesicht habe ich nie gesehen.»

«Ich weiß.»

Der Ire lächelte auf sonderbare Weise, so als würde er sich über dieses Scheitern freuen.

«Möglicherweise komme ich gegen Lu Chen nicht an, doch diese Frau hat mich geliebt. Und ich habe vor, zurückzukehren und sie zu holen. Eines Tages.»

Pearle schaute ihn an, als sähe er ihn zum ersten Mal. Erstaunt und gleichzeitig voller Misstrauen.

«Idiot! Du hast also nichts begriffen?»

«Was?»

«Loan hat nie jemanden geliebt. Sie hat sich deiner bloß bedient.»

«Wieso?»

«Die Opiumlieferung war für sie bestimmt.»

Und damit nicht genug, ergänzte Pearle:

«Lu Chen, das ist sie.»

Das Blut gefror Charles in den Adern.

«Aus diesem Grund wird sie Opium genannt.»

«Aber wozu diese ganze Maskerade?»

«Wegen der Angst, die Lu Chen bei den Leuten weckt. Und vor allem, um den illegalen Handel mit Tee und Opium nicht zu gefährden. Außer Wang und mir hat nie jemand etwas darüber gewusst. Niemand konnte Lu Chen jemals dingfest machen, weil es ihn schlichtweg nicht gibt!»

Charles Stowe spürte, wie es ihm das Herz zerriss. Er hatte diese Frau, die ihn an die Liebe hatte glauben lassen, in seinen Armen gehalten. Und er hatte sie nicht durchschaut.

«Mein armer Charles, wie konntest du nur so naiv sein?»

Pearle zog an seiner Zigarre und goss zwei Gläser Whisky ein. Dann sagte er gähnend:

«Ich gehe jetzt schlafen. Morgen früh reise ich beizeiten nach Dublin ab. Nun ist Schluss mit dieser ganzen Geschichte. Lebe wohl.»

Er erhob sich und fügte hinzu:

«Du tätest gut daran, ebenfalls nach London zurückzukehren. Und nicht mehr an sie zu denken.»

Dann verließ er die Terrasse.

Charles Stowe blieb noch lange dort sitzen und

nippte in kleinen Schlucken an seinem Whisky, während am Horizont die Sonne unterging.

Er sagte sich, dass das Glück genauso ungreifbar bleibt wie ein Hauch Opium, genauso vergänglich ist wie ein Schluck Tee. Er hatte an Loans Liebe geglaubt. Doch seinem Schicksal entkommt man nicht, und das seine hatte ihm bloß sieben Tage und sieben Nächte mit dieser Frau gewährt.

Er hatte ihr versprochen, dass er zu ihr zurückkehren würde. Er würde nicht zurückkehren.

Ohne es sich einzugestehen, wusste Charles Stowe sehr genau, dass die schönsten Versprechen, selbst wenn sie als Relikte der Erinnerung enden, nie durch die Sanduhr der Zeit rinnen.

EINE WOCHE später erhielt Charles Stowe Besuch von einem Engländer namens Robert Fortune. Fortune stellte sich ihm als Botaniker vor, der die Geheimnisse des chinesischen Tees ergründen wollte. Man hatte ihm von Stowe erzählt, und er wollte ihn kennen lernen.

Charles Stowe empfing ihn an seinem Bett, denn das Fieber hinderte ihn nach wie vor daran, aufrecht zu stehen, ohne von Schwindelgefühlen erfasst zu werden. Die Verwirrung, die Pearles Enthüllungen über Loan in ihm ausgelöst hatten, ließ ihm keine Ruhe.

«Sie sind tatsächlich bis an die Quellen des Grünen Flusses vorgedrungen?», fragte ihn Fortune.

«Ja. Wieso? Haben Sie das etwa auch vor?»

«Vielleicht. Es hängt alles davon ab, was Sie mir erzählen.»

«Was wollen Sie wissen?»

Fortune hielt seinen Hut in der Hand, unruhig, gebannt von diesem Mann, der einen Teil seiner Träume verwirklicht hatte.

«Was haben Sie von dort mitgebracht, Mister Stowe?»

«Erinnerungen. Und das da habe ich ebenfalls mitgebracht.»

Charles Stowe deutete auf die kleine weiße Teepflanze, die der Mönch ihm verkauft hatte.

Fasziniert betrachtete Fortune den heiligen Strauch, und sein Blick leuchtete auf.

«Ein Wunder. Ich kaufe sie Ihnen ab. Wie viel wollen Sie dafür?»

Als Charles Stowe ihm erklären wollte, dass die weiße Teepflanze unverkäuflich sei, nannte der Mann ihm eine horrende Summe:

«Ich biete Ihnen zehntausend Lei.»

«Das kommt nicht infrage.»

«Seien Sie vernünftig. Mehr kann ich Ihnen nicht bieten.»

«Es ist keine Frage des Geldes, Mister Fortune. Reden wir nicht mehr darüber. Wenn Sie Teepflanzen haben wollen, müssen Sie sich schon selbst auf den Weg machen!»

Neun Jahre später war Robert Fortune der erste Brite, der nicht nur Teepflanzen aus dem Herzen Chinas importierte, sondern auch fünfundachtzig chinesische Spezialisten mitbrachte. Sie begleiteten ihn nach Indien, wo sie den Anfang der Teerevolution und das Ende des Monopols erlebten, das das Reich der Mitte auf diesen blühenden Handel hatte.

1852 erschien in London ein bedeutendes Werk, in dem die Geheimnisse der chinesischen Tees enthüllt wurden. Es trug den Titel *Die Straße des Tees und der Blumen*.

Der Verfasser war niemand anders als Robert Fortune.

NACH EINER langen Zeit der Genesung beschloss Charles Stowe, nach London zurückzukehren und dort den Rest seines Lebens zu verbringen. Der Opiumkrieg tobte immer noch. Es war Zeit zu fliehen. Er würde nie wieder nach China zurückkehren. Er würde Loan nicht wiedersehen.

Eines Frühlingsmorgens verließ Stowe Shanghai. Er reiste auf einem Schiff, das weder mit Tee noch mit Gewürzen, sondern mit Waffen und anderem Kriegsmaterial beladen war.

In Colombo wurde er erneut vom Fieber erfasst. Um seine Schmerzen zu lindern, brachte man ihn ins Sanatorium, wo man ihm eine hohe Dosis Morphin verabreichen musste.

Das war das letzte Mal, dass er in den Genuss von Opium kam.

IN LONDON sah Charles Stowe seinen Vater wieder und trat dessen Nachfolge in dem Geschäft unweit der Mincing Lane an.

Wie gewohnt arbeitete er von Sonnenaufgang bis in die späten Abendstunden. Und nie trank er etwas anderes als Tee.

Er war dreiunddreißig Jahre alt. Und sein Leben lag hinter ihm.

Manchmal überkam ihn ein Anflug von Nostalgie und brandete wie aufschäumende Gischt gegen den Fels seiner Erinnerung. Er wandte sich seiner Vergangenheit zu und dachte an Loan und an die sieben Liebesnächte, die sie miteinander verbracht hatten. Er erblickte eine lange grüne Straße und folgte den Spuren von Düften, Liebkosungen, Rauch und Regen. Schließlich fand er in die Gegenwart zurück, und seltsamerweise begannen seine Schmerzen allmählich nachzulassen, und die Wunden verheilten.

Er nahm dieser Frau nichts übel. Mit der Zeit lernte er, sie zu lieben, und hielt sie für noch bewundernswerter als zuvor. Eine Art Gewissheit setzte sich in ihm fest und erfüllte ihn mit innerer Ruhe. Er war sicher, dass seine Liebe immer größer werden würde, mit jedem Tag, bis zu seinem Tod. Ihre Begegnung war so kurz gewesen, dass die Flamme der Leidenschaft nie erloschen war. Loan hatte ihm das Schönste gegeben, was es gibt: die Magie der ersten Augenblicke.

Übrigens gab es nichts, was Charles Stowe hätte bedauern müssen. Seine lange Reise auf einem verbotenen Fluss hatte ihn von der grünen Milde des Tees ins dunkle Reich des Opiums geführt. Und sie hatte ihn begreifen lassen, dass das Leben dem Opium in gewisser Hinsicht gleichkommt: Es ist eine Droge, von der man nicht lassen kann.

Meera Nair. Video
Erzählungen

256 Seiten, gebunden
ISBN 3 463 40403 6

«Es ist eine einzigartige Welt, die diese Geschichten vergegenwärtigen, eine Welt, die uns auf rätselhafte Weise nah ist.»
Ha Jin

«Diese subtil gestalteten Erzählungen vermitteln einiges von der Hoffnung, der Aufregung, der Vulgarität und der Traurigkeit in einer schnell sich ändernden Welt. In ihrer nachdrücklichen Schilderung des individuellen Dilemmas sind sie Teil einer neuen Art von literarischer Abrechnung mit dem heutigen Indien.»
Pankaj Mishra

verlegt bei Kindler